Este livro é um presente de:

Para:

Em:

Que você se aproprie do poder da oração e sempre leve as promessas de Deus em seu coração.

O exercício físico é de pouco proveito; a piedade, porém, para tudo é proveitosa, porque tem promessa da vida presente e da futura.

1 Timóteo 4:8

Stormie Omartian

MINUTOS DE ORAÇÃO PARA A MULHER DE FÉ

Traduzido por
Susana Klassen

mundocristão
São Paulo

Publicado originalmente por Harvest House Publishers, Oregon, EUA

Os textos das referências bíblicas foram extraídos da *Nova Versão Internacional* (NVI), da Biblica, Inc., salvo indicação específica.

Dados Internacionais de Catalogação na Publicação (CIP)
(Câmara Brasileira do Livro, SP, Brasil)

Omartian, Stormie
Minutos de oração para a mulher de fé / Stormie Omartian; traduzido por Susana Klassen — São Paulo: Mundo Cristão, 2011.

Título original: The power of a praying: help for a woman's journey through life.
ISBN 978-85-7325-642-0

1. Devoção diárias 2. Mulheres cristãs — Oração e devoção 3. Mulheres cristãs — Vida religiosa I. Título.

10-11609 CDD-220.5082

Índice para catálogo sistemático:
1. Mulheres: Oração: Prática cristã: Cristianismo 220.5082
Categoria: Oração

Publicado no Brasil com todos os direitos reservados por:
Editora Mundo Cristão
Rua Antônio Carlos Tacconi, 79, São Paulo, SP, Brasil, CEP 04810-020
Telefone: (11) 2127-4147
www.mundocristao.com.br

1ª edição: fevereiro de 2011
5ª reimpressão: 2013

Sumário

O poder divino

Hoje, cada vez mais mulheres cristãs têm a oportunidade de realizar todo o seu potencial. Elas ingressam em diferentes áreas profissionais e ministeriais e exercem impacto sobre o mundo ao redor. Aprendem a confiar no poder de Deus para prepará-las e abrir portas. Descobrem que não são apenas um complemento secundário na ordem da criação. Deus as criou com um propósito especial.

Muitas vezes, não percorremos o caminho que Deus preparou para nós porque não conseguimos distingui-lo. Quando não conhecemos bem suas promessas, não somos capazes de ver nossa situação com clareza.

"Seu divino poder nos deu tudo de que necessitamos para a vida e para a piedade, por meio do pleno conhecimento daquele que nos chamou para a sua própria glória e virtude. Dessa maneira, ele nos deu as suas grandiosas e preciosas promessas, para que por elas vocês se tornassem participantes da natureza divina" (2Pe 1:3-4).

Precisamos conhecer bem as promessas de Deus a fim de mantê-las sempre em nossa mente e nosso coração. Espero que estas orações e trechos das Escrituras ajudem você nessa tarefa.

Quando você vive de acordo com a Palavra de Deus e pelo poder do Espírito Santo, não precisa ter dúvidas de que está no lugar certo, na hora certa, e de que a vontade perfeita do Senhor está sendo realizada em sua vida. Você pode ter certeza de que Deus a está dirigindo para a vida de plenitude e bênçãos que ele preparou para você.

Stormie

Senhor,

Abençoa a mulher que está lendo este livro. Derrama teu Espírito sobre a vida dela e ajuda-a a tornar-se tudo aquilo para o qual tu a criaste. Que ela possa olhar adiante e ver quão maravilhoso é o futuro. Dirige seus passos para que ela ande sempre no centro da tua vontade.

Faço esta oração em nome de Jesus.

Seja uma mulher de Deus

Intimidade essencial

A única forma de nos aproximarmos de Deus, conhecê-lo melhor e desenvolver o relacionamento íntimo que ele deseja ter conosco é passar tempo com ele. Nos momentos a sós com o Senhor, ele nos reanima, nos fortalece e nos revitaliza. Enxergamos nossa vida do ponto de vista de Deus e descobrimos o que importa verdadeiramente para nós como mulheres de Deus. Entendemos, então, a quem pertencemos e em quem cremos.

Quando você se pegar orando ao Senhor várias vezes por dia pelo simples fato de ter prazer em permanecer em sua presença, saberá que o relacionamento entre vocês está-se aprofundando.

Senhor, que teu amor manifesto em mim seja testemunho da tua grandeza. Ensina-me a amar os outros como tu os amas. Quebranta meu coração. Revigora as partes entorpecidas de meu ser. Dirige-me e instrui-me nas áreas em que me tornei rebelde.

Quero ser fiel, generosa e obediente como Jesus foi. Faze tua luz resplandecer em mim a fim de iluminar todos a meu redor. Que já não seja eu quem vive, mas Cristo viva em mim. Que minha semelhança cada vez maior com Cristo desperte nas pessoas de meu convívio o desejo de conhecer-te melhor.

Promessa de Deus

Portanto, humilhem-se debaixo da poderosa mão de Deus, para que ele os exalte no tempo devido. Lancem sobre ele toda a sua ansiedade, porque ele tem cuidado de vocês.

1Pedro 5:6-7

Intimidade essencial

Deus tem muito que lhe dizer. Se você não fizer uma pausa nas atividades diárias e reservar momentos para se aquietar na presença dele, não será capaz de ouvi-lo. Jesus passava longos períodos a sós com Deus. Se ele precisava de tempo com o Pai, imagine como isso é essencial para nós!

Sei que não é fácil encontrar tempo para orar sozinha. No entanto, se você priorizar esses momentos, definir um horário específico todos os dias, quem sabe até marcá-lo em sua agenda como faz com outras atividades importantes, e tomar o firme propósito de manter seu compromisso com Deus, verá suas orações serem respondidas como nunca antes.

> *Deus, quero buscar-te hoje. Só serei feliz quando entender que tu és a única fonte de satisfação e a resposta para todos os meus anseios. Somente tu deves ter poder sobre minha alma. Dependo de ti a cada dia para a provisão de todas as minhas necessidades. Ajuda-me a esperar somente em ti.*

Promessa de Deus

Conceda-te [o Senhor] o desejo do teu coração e leve a efeito todos os teus planos.

Salmos 20:4

Alma nutrida

Quero ajudá-la a se aproximar de seu Pai celestial, sentir os braços do Senhor a envolvê-la, manter seu coração em ordem diante de Deus, viver na certeza de estar no centro da vontade divina, entender melhor para o que você foi criada, encontrar plenitude de Deus e mover-se em direção a tudo o que ele tem para você.

Em outras palavras, quero mostrar-lhe como orar de modo eficaz para que Deus esteja cada vez mais presente em sua vida.

Senhor, abre meus olhos para que eu encontre novos tesouros em tua palavra a cada nova leitura. Fala a meu coração e consola-o. Que tua Palavra ganhe vida dentro de mim e alimente minha alma e meu espírito como a comida alimenta meu corpo.

Alinha o meu coração com o teu e dá-me discernimento e direção para que eu conheça tua vontade para minha vida. Que a luz da tua verdade resplandeça onde me encontro agora e revele o próximo passo da minha jornada.

Promessa de Deus

A explicação das tuas palavras ilumina
e dá discernimento aos inexperientes.
Salmos 119:130

Alma nutrida

Durante as muitas palestras que dei nos últimos anos, fiz uma pesquisa para descobrir como as mulheres desejavam que os outros orassem por elas. A resposta foi unânime em todas as cidades e estados. A maior necessidade que as mulheres expressaram foi crescimento espiritual e desenvolvimento de uma caminhada de fé profunda, sólida, viva e transformadora com Deus.

Quando reconhecemos que ansiamos pelo Senhor, nós nos tornamos livres. Temos liberdade de identificar os desejos e o vazio dentro de nós como sinais de que precisamos aproximar-nos de Deus com os braços abertos e pedir que ele nos encha cada vez mais com sua presença.

Essa relação profunda e íntima com o Senhor que tanto almejamos não se desenvolve sozinha. Precisamos buscá-la, orar por ela, cultivá-la e valorizá-la.

Senhor, peço que nada me afaste do cumprimento de teus planos para minha vida. Que eu nunca me desvie daquilo que tu me chamaste para ser e fazer. Dá visão e propósito para minha vida.

Entrego minha identidade e meu destino em tuas mãos. Mostra-me se estou seguindo teus planos para mim. Desejo que tua obra em minha vida seja eterna.

Promessa de Deus

Aproximem-se de Deus, e ele se aproximará de vocês!

Tiago 4:8

Anseio intenso

Ninguém gosta de andar em círculos e passar repetidamente pelos mesmos lugares, experimentar os mesmos problemas e frustrações, cometer os mesmos erros e lidar com as mesmas limitações. Queremos romper os círculos viciosos de derrotismo, superar-nos, ir além de nossas limitações e circunstâncias. Não desejamos ser apenas sobreviventes.

Queremos vencer e ser parte de algo que nos transcende. Queremos estar ligadas àquilo que Deus está fazendo na terra a fim de dar frutos para seu Reino. Queremos transbordar do amor e das bênçãos de Deus. Nosso anseio mais intenso é receber tudo o que Deus tem para nós.

Deus, não desejo ser medíocre em minha vida espiritual. Quero ser uma vencedora. Pagaste o preço por mim para que eu pertencesse a ti. Ajuda-me a viver de acordo com essa realidade.

Traçaste um rumo para minha vida. Ajuda-me a agir de acordo com essa realidade. Por meio de ti, posso derrotar meu inimigo. Desejo lembrar essa verdade.

Promessa de Deus

Os que amam a tua lei desfrutam paz,
e nada há que os faça tropeçar.
Salmos 119:165

Anseio intenso

Há momentos em que sua vida parece estar fora de controle? São tantas as tarefas e pressões que é difícil ter uma vida de qualidade? Você se preocupa que talvez esteja ignorando certas áreas porque procura desempenhar vários papéis ao mesmo tempo e preencher uma série de expectativas? Você precisa passar mais tempo com Deus em oração? Precisa conhecer melhor a Palavra de Deus? Deseja servi-lo de modo mais dedicado e completo, mas parece faltar tempo, energia ou oportunidade? Às vezes, você tem vontade de simplesmente abraçar Jesus e sentir os braços dele a seu redor? Tenho uma boa notícia para lhe dar: Deus quer que você se sinta assim. Ele quer que você anseie por ele.

> *Senhor, ajuda-me a não confiar em minhas próprias forças, mas a viver pelo poder do teu Espírito que habita em mim. Perdoa-me pelos momentos em que me esqueço disso. Ajuda-me a crescer nas coisas do teu Reino para que eu possa dedicar-me a ti de forma plena, ativa e produtiva e cumprir teus propósitos para mim.*

Promessa de Deus

Confie no Senhor de todo o seu coração e não se apoie em seu próprio entendimento; reconheça o Senhor em todos os seus caminhos, e ele endireitará as suas veredas.

Provérbios 3:5-6

Vida abundante

Se você é parecida comigo, não quer apenas levar a vida. Não deseja simplesmente existir, sobreviver e encontrar um jeito de lidar com as dificuldades. Você quer a vida abundante a que Jesus se referiu quando disse: "Eu vim para que tenham vida, e a tenham plenamente" (Jo 10:10).

Não queremos ser mulheres que ouvem a verdade, mas não se apropriam dela pela fé, de forma prática. Estamos cansadas de lutar com as dúvidas, o medo, a insegurança e a incerteza. Desejamos uma vida com intenção e propósito. Desejamos nutrir-nos com o alimento sólido da verdade de Deus a fim de ter uma vida empolgante e produtiva.

Senhor, ajuda-me a pedir "com fé, sem duvidar", pois quem duvida "tem mente dividida" e jamais "receberá coisa alguma do Senhor" (Tg 1:6-8). Confesso toda dúvida como pecado e peço que me perdoes. Que minhas dúvidas não sejam obstáculo para aquilo que desejas fazer em mim e por meio de mim. Aumenta minha fé a cada dia para que eu possa mover montes em teu nome e caminhar em direção a tudo o que tens para mim.

Promessa de Deus

Sem fé é impossível agradar a Deus, pois quem dele se aproxima precisa crer que ele existe e que recompensa aqueles que o buscam.

Hebreus 11:6

Vida abundante

Mulheres de todo o mundo querem ter uma vida produtiva. Desejam permanecer na graça de Deus, sem deixar, contudo, de obedecer às suas leis. Desejam ser inabaláveis na verdade de Deus, mas continuar sensíveis às necessidades e aos sofrimentos alheios. Desejam conhecer a Deus de todas as maneiras possíveis e ser transformadas pelo poder de seu Espírito. Apressam-se, porém, em ver seus próprios erros e demoram a enxergar os acertos.

Pense na purificação de seu coração não como um julgamento porque seu coração é sujo, mas como o convite divino para colocar sua vida em ordem diante de Deus, a fim de que ele possa conceder-lhe todas as bênçãos que lhe reservou. Só então você experimentará plenitude de paz, alegria, amor e satisfação.

Senhor, quero preparar meu coração adorando-te e dando-te graças em todas as coisas. Cria em mim um coração puro e um espírito reto para que eu possa agradar-te. Enche meu coração de amor, paz e alegria para que esses dons transbordem de minha boca. Convence-me do pecado quando eu murmurar. Sempre que eu falar a alguém, concede-me palavras vivificadoras e edificantes.

Promessa de Deus

Amados, se o nosso coração não nos condenar, temos confiança diante de Deus e recebemos dele tudo o que pedimos, porque obedecemos aos seus mandamentos e fazemos o que lhe agrada.

1João 3:21-22

Graça suficiente

Você tem mais facilidade de orar pelos outros que por si mesma? Eu tenho. Para mim, é mais fácil orar por meu marido, meus filhos, familiares, amigos, conhecidos e pessoas que vi no noticiário que orar por minhas próprias necessidades. Em parte, isso se deve ao fato de ser mais fácil identificar as necessidades dos outros. Além de numerosas, minhas necessidades costumam ser complicadas e difíceis de definir.

Nós, mulheres, quase sempre achamos saber do que precisamos. Muitas vezes, porém, estamos emocionalmente envolvidas demais com as pessoas a nosso redor e com a vida diária para saber como devemos orar por nós mesmas. Também há momentos em que nos sentimos oprimidas pelas circunstâncias, e nossa oração não passa de um clamor por socorro. A graça de Deus, porém, é suficiente.

"Responde-me quando clamo, ó Deus que me fazes justiça! Dá-me alívio da minha angústia; tem misericórdia de mim e ouve a minha oração" (Sl 4:1). Senhor, em momentos de sofrimento ou tribulação, peço que me permitas sentir tua presença de modo ainda mais intenso. Quero tornar-me mais forte em meio às provações, e não mais fraca. Quero crescer na fé, e não ser atormentada por dúvidas. Quero permanecer firme em tua verdade e graça.

Promessa de Deus

Minha graça é suficiente para você, pois o meu poder se aperfeiçoa na fraqueza.

2Coríntios 12:9

Graça suficiente

Deus sempre quer conduzi-la a coisas novas, mas, quando você se apega a seus velhos hábitos, cria obstáculos para esse progresso. Deus não permite que você descanse no sucesso do passado. Quando você confia no modo como as coisas costumam funcionar, deixa de fazer aquilo que Deus quer, isto é, deixa de confiar nele.

Posso garantir-lhe que, não obstante sua idade, Deus tem algo novo para sua vida. Peça para ele lhe mostrar. Diga que você pretende continuar na corrida e não quer levar consigo nenhuma bagagem do passado.

Senhor, ajuda-me a olhar sempre para frente, e não para os tempos de outrora e os velhos hábitos. Sei que tu desejas realizar algo novo em minha vida neste dia. Com tua ajuda, quero concentrar-me no destino para o qual estou caminhando, e não nos lugares onde já estive. Obrigada por me libertares do passado para que, por tua graça, eu caminhe em direção ao futuro que preparaste para mim.

Promessa de Deus

Portanto, se alguém está em Cristo, é nova criação. As coisas antigas já passaram; eis que surgiram coisas novas!

2Coríntios 5:17

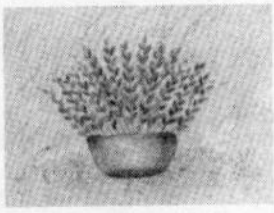

Dez bons motivos para obedecer a Deus

1. Nossas orações são ouvidas. "Se eu acalentasse o pecado no coração, o Senhor não me ouviria; mas Deus me ouviu, deu atenção à oração que lhe dirigi" (Sl 66:18-19).
2. Tornamo-nos mais conscientes da presença do Senhor. "Se alguém me ama, obedecerá à minha palavra. Meu Pai o amará, nós viremos a ele e faremos morada nele" (Jo 14:23).
3. Adquirimos sabedoria. "Ele reserva a sensatez para o justo; como um escudo protege quem anda com integridade" (Pv 2:7).
4. Temos amizade com Deus. "Vocês serão meus amigos, se fizerem o que eu lhes ordeno" (Jo 15:14).
5. Podemos viver com segurança. "Pratiquem os meus decretos e obedeçam às minhas ordenanças, e vocês viverão com segurança na terra" (Lv 25:18).
6. Somos aperfeiçoadas. "Mas, se alguém obedece à sua palavra, nele verdadeiramente o amor de Deus aperfeiçoado. Desta forma sabemos que estamos nele: aquele que afirma que permanece nele, deve andar como ele andou" (1Jo 2:5-6).
7. Somos abençoadas. "Prestem atenção! Hoje estou pondo diante de vocês a bênção e a maldição. Vocês terão bênção, se obedecerem aos mandamentos do Senhor, o seu Deus, que hoje lhes estou dando" (Dt 11:26-27).
8. Encontramos felicidade. "Como é feliz quem obedece à lei!" (Pv 29:18).
9. Temos paz. "Considere o íntegro, observe o justo; há futuro para o homem de paz" (Sl 37:37).
10. Temos uma vida longa. "Meu filho, não se esqueça da minha lei, mas guarde no coração os meus mandamentos, pois eles prolongarão a sua vida por muitos anos e lhe darão prosperidade e paz" (Pv 3:1-2).

Abençoe sua família

Ore por seu casamento

O casamento é ótimo quando os cônjuges assumem o compromisso mútuo de manter um relacionamento sólido, não obstante as circunstâncias. Muitas vezes, porém, um dos cônjuges tem certas expectativas a respeito do outro e de como a vida de casados deve ser, e acaba decepcionado com a realidade. Nessas horas, pode surgir divisão. É importante orar continuamente para que as expectativas irreais venham à tona e todas as incompatibilidades sejam dissipadas, de modo que vocês possam crescer juntos em espírito de união, compromisso e intimidade.

Ore para que haja harmonia em seu casamento e para que Deus seja o centro de seu relacionamento conjugal.

Senhor, abençoa nosso casamento com laços de união, amizade, compromisso, generosidade e entendimento. Elimina nossa imaturidade, hostilidade ou sentimentos de inadequação. Ajuda-nos a reservar tempo um para o outro, a cultivar e renovar nosso casamento e a lembrar o que nos levou a querer passar o resto da vida juntos. Peço que o compromisso de meu marido contigo seja firme, de modo que, mesmo nas tempestades, ele também não vacile em seu compromisso comigo. Peço que nosso amor mútuo cresça a cada dia.

Promessa de Deus

Sei que tudo o que Deus faz permanecerá para sempre; a isso nada se pode acrescentar, e disso nada se pode tirar.

Eclesiastes 3:14

Ore por seu casamento

Aprendi que uma das melhores formas de contribuir para manter meu casamento saudável é me reunir semanalmente com outras mulheres para orarmos juntas. Se possível, encontre duas ou mais mulheres de fé em quem você tenha total confiança e com quem possa compartilhar os anseios de seu coração, e reserve um tempo para orar com elas a cada semana. Essa experiência transformará sua vida.

O objetivo da oração nesses encontros é entregar todos os seus fardos ao Senhor, pedir para Deus colocar seu coração em ordem e mostrar-lhe como ser uma boa esposa. Também é uma ocasião para interceder por seu marido.

Senhor, peço que protejas nosso casamento de tudo o que poderia prejudicá-lo ou destruí-lo. Guarda-o de nosso egoísmo e negligência, dos planos e desejos malignos dos outros e de situações nocivas ou perigosas. Que não haja nenhum pensamento de divórcio ou infidelidade em nosso coração e nenhuma dessas coisas em nosso futuro.

Peço que não haja espaço para o ciúme ou para a baixa autoestima que o precede. Que nada influencie nossas atitudes e nossos hábitos a ponto de prejudicar nosso casamento.

Promessa de Deus

É melhor ter companhia do que estar sozinho, porque maior é a recompensa do trabalho de duas pessoas. Se um cair, o amigo pode ajudá-lo a levantar-se. Mas pobre do homem que cai e não tem quem o ajude a levantar-se!

Eclesiastes 4:9-10

Interceda por seu marido

Se eu pudesse ajudar uma esposa recém-casada de alguma maneira, recomendaria que ela não entrasse no casamento com uma longa lista de expectativas e depois ficasse chateada porque o marido não as preenche. Abra mão das expectativas. Suas tentativas de mudar seu marido ou as tentativas dele de mudar só para agradá-la estão condenadas a fracassar e provocarão decepções em vocês dois. Peça para Deus realizar as mudanças necessárias. Aceite seu marido como ele é e ore para Deus ajudá-lo a crescer. Reserve suas maiores expectativas para Deus, e não para seu marido.

Senhor, coloco minhas expectativas ao pé de tua cruz. Liberto meu marido do fardo de me satisfazer em áreas cuja satisfação eu deveria buscar em ti. Ajuda-me a aceitá-lo como ele é, sem tentar mudá-lo. Sei, porém, que, por meio de tua obra na vida de meu marido, é possível que ele mude de formas que eu jamais poderia imaginar. Entrego em tuas mãos quaisquer mudanças que sejam necessárias em meu marido e reconheço que nenhum de nós é perfeito, e jamais será. Uma vez que somente tu, Senhor, és perfeito, peço que nos aperfeiçoes.

Promessa de Deus

Descanse somente em Deus, ó minha alma; dele vem a minha esperança.

Salmos 62:5

O grande desafio de ser uma esposa que ora, além do tempo que isso exige, é manter o coração puro. Para se comunicar livremente com Deus, seu coração precisa estar em ordem diante dele. Por isso, orar pela esposa deve preceder o ato de orar pelo marido. Se você abriga ressentimento, raiva, rancor ou uma atitude que não agrada a Deus, mesmo que os pedidos sejam legítimos, será difícil receber respostas para suas orações.

Se, contudo, você entregar esses sentimentos a Deus com total honestidade e se dedicar à oração, seu casamento passará por mudanças dramáticas que não aconteceriam de nenhuma outra maneira.

Deus, declaro que tu és Senhor sobre minha vida. Ajuda-me a te buscar a cada dia e organizar minhas prioridades de forma correta. Revela-me como colocar meu marido antes dos filhos, do trabalho, da família, dos amigos, das atividades e dos interesses. Orienta-me sobre o que fazer neste momento para mostrar-lhe que ele ocupa um lugar importante em meu coração. Resgata as ocasiões em que eu o levei a duvidar disso.

Mostra-me como organizar minhas prioridades para não ocupar meu tempo com coisas que me consomem ou não têm propósito eterno.

Promessa de Deus

Tudo o que vocês pedirem em oração, creiam que já o receberam, e assim lhes sucederá. E quando estiverem orando, se tiverem alguma coisa contra alguém, perdoem-no, para que também o Pai celestial lhes perdoe os seus pecados.

Marcos 11:24-25

Cubra seus filhos com oração

Uma parte importante de sua tarefa como mãe ou responsável por uma criança é apresentar, em oração, ao Senhor os detalhes da vida de seu filho. Ao fazê-lo, aprendi a identificar preocupações, medos ou possíveis situações que me vinham à mente como oportunidades para orar. Sempre que eu cobria meus filhos com orações e os entregava nas mãos de Deus, o Senhor me libertava dessas preocupações. Deus não promete poupar nossos filhos de todo mal, mas, quando oramos, participamos da obra de Deus na vida deles e, como consequência, podemos descansar no Senhor e desfrutar mais paz.

Senhor, eu me sujeito a ti. Sei que educar um filho em teus caminhos é uma tarefa que está além de minhas capacidades humanas. Sei que preciso de tua ajuda. Quero colaborar contigo e receber tua sabedoria, teu discernimento e tua direção. Também preciso de tua força e paciência e de uma porção generosa de teu amor fluindo através de mim. Ensina-me a amar como tu amas.

Promessa de Deus

Derrame o seu coração como água na presença do Senhor. Levante para ele as mãos em favor da vida de seus filhos.

Lamentações 2:19

Cubra seus filhos com oração

Quando alguma coisa dá errado na vida de nossos filhos, nós nos culpamos por não sermos mães perfeitas. Descobri, porém, que não é a mãe perfeita que faz diferença na vida de um filho, pois nenhuma mãe é perfeita. Antes, o que faz toda diferença é ser uma mãe que ora. E isso é algo que está ao alcance de todas nós. Na verdade, nem precisamos ser mães. Podemos ser amigas, professoras, avós, vizinhas ou mesmo desconhecidas com um coração compassivo.
Se você conhece uma criança cujos pais não oram por ela, você pode suprir essa necessidade. Para isso, só precisa ter um coração que diz: "Deus, mostra-me como orar de maneira a fazer diferença na vida dessa criança".

Deus, ajuda-me a ser a mãe que tu queres que eu seja e ensina-me a orar e interceder verdadeiramente pela vida desta criança. Senhor, tu disseste em tua palavra: "Tudo o que pedirem em oração, se crerem, vocês receberão" (Mt 21:22). Em nome de Jesus, peço que aumentes minha fé para que eu creia em todas as coisas que colocaste em meu coração para orar a respeito dessa criança.

Promessa de Deus

Vocês não me escolheram, mas eu os escolhi para irem e darem fruto, fruto que permaneça, a fim de que o Pai lhes conceda o que pedirem em meu nome.
João 15:16

Crie um lar afetuoso

Por mais liberada que seja, quando você se casa, em última análise, duas áreas são responsabilidade sua: o lar e os filhos. Mesmo que você trabalhe fora enquanto seu marido cuida da casa e dos filhos, ainda existe a expectativa de que você faça de seu lar um santuário de tranquilidade, alegria, aceitação, refrigério, estímulo, descanso e amor para sua família.

Além disso, espera-se que você seja sexualmente atraente, cozinhe bem, seja uma boa mãe e se mantenha saudável física, emocional e espiritualmente. Para a maioria das mulheres, a lista de expectativas é assustadora. A boa notícia, porém, é que você pode pedir ajuda a Deus.

Senhor, ajuda-me a usar os dons que me deste para criar um ambiente tranquilo e seguro para minha família. Mostra-me o que fazer e o que não fazer. Peço que envies teu Espírito Santo para habitar em nossa casa de modo que todos que entrarem nela sintam tua paz e teu conforto. Ajuda-me a nunca perturbar a serenidade do nosso lar.

Promessa de Deus

Cada um tem o seu próprio dom da parte de Deus; um de um modo, outro de outro.

1Coríntios 7:7

Crie um lar afetuoso

Para criar um lar afetuoso, você precisa, entre outras coisas, permitir que seu marido seja o cabeça para que você seja o coração. É um peso grande demais tentar ser as duas coisas. Deus colocou o marido como cabeça sobre a família, quer ele mereça a posição quer não, quer ele a assuma quer não. Essa foi a ordem que Deus estabeleceu. Isso não significa que uma posição é mais importante do que a outra. Elas trabalham em conjunto.

Também não significa que a esposa não deva trabalhar e o marido não deva cuidar do lar; o importante é cabeça e coração terem a atitude correta.

> *Senhor, oro por meu marido e por mim. Que nosso compromisso contigo e um com o outro se torne cada vez mais firme e apaixonado. Concede ao meu marido tudo o que ele precisa para exercer a função de cabeça do lar, conforme a ordem que tu estabeleceste. Mostra-me como apoiá-lo e respeitá-lo nessa posição de liderança. Que, com tua ajuda, eu possa tornar nossa casa um lugar agradável para ele. Revela-me os desejos e as necessidades de meu marido e mostra-me possíveis problemas antes que eles se desenvolvam. Vem habitar conosco em nosso lar.*

Promessa de Deus

Com sabedoria se constrói a casa, e com discernimento se consolida. Pelo conhecimento os seus cômodos se enchem do que é precioso e agradável

Provérbios 24:3-4

Promova a união familiar

Ao orar por sua família, lembre-se do modelo de mulher piedosa que as Escrituras apresentam. Ela cuida de seu lar e o administra bem. Sabe como comprar, vender e fazer investimentos lucrativos. Mantém-se saudável e forte e veste-se de forma atraente. Trabalha com diligência e possui aptidões rentáveis. É generosa e prepara-se para o futuro com prudência. Contribui para a boa reputação da família. É forte, estável, honrada e não tem medo de envelhecer. Fala com sabedoria e bondade. Observa com atenção o que se passa em sua casa. Recebe elogios de seus familiares. Apoia a família e, ao mesmo tempo, possuiu uma vida própria produtiva e bem-sucedida.

Senhor, ajuda-me a cuidar bem de minha família. Transforma meu egoísmo, minha impaciência e minha irritabilidade em bondade, longanimidade e disposição para suportar todas as coisas. Dá-me um coração novo e trabalha em mim teu amor, tua paz e tua alegria. Não sou capaz de superar minhas limitações sozinha. Somente tu podes transformar-me.

Promessa de Deus

E não nos cansemos de fazer o bem, pois no tempo próprio colheremos, se não desanimarmos.

Gálatas 6:9

Promova a união familiar

Quantos relacionamentos familiares não ficam por conta do acaso porque ninguém ora a respeito deles? Imagino que não sejam poucos. É triste ver famílias desintegradas, cujos membros se afastam uns dos outros quando ingressam na vida adulta. É pior ainda imaginar esse distanciamento em sua própria família. Mas não precisa ser assim. "Seu povo reconstruirá as velhas ruínas e restaurará os alicerces antigos; você será chamado reparador de muros, restaurador de ruas e moradias" (Is 58:12). Deus deseja restaurar a unidade, preservar os laços familiares nele e deixar uma herança espiritual de harmonia que pode durar por várias gerações.

Senhor, ensina minha família a resolver conflitos segundo a tua palavra. E, se alguma divisão já houver começado, se algum relacionamento estiver desgastado ou rompido, peço que removas a causa de divisão e promovas cura.
Tua palavra nos instrui: "Tenham todos o mesmo modo de pensar, sejam compassivos, amem-se fraternalmente, sejam misericordiosos e humildes" (1Pe 3:8). Em nome de Jesus, peço que instiles amor e compaixão intensos e perenes em todos os membros de minha família para uni-los com vínculos irrompíveis.

Promessa de Deus

Como é bom e agradável quando os irmãos convivem em união!

Salmos 133:1

Cinco excelentes maneiras de louvar ao Senhor

Deus quer que o adoremos com todo nosso ser e de modo agradável *a ele*.

1. Deus quer que lhe entoemos louvores. "Prestem culto ao Senhor com alegria; entrem na sua presença com cânticos alegres" (Sl 100:2).
2. Deus quer que levantemos as mãos para ele. "Levantem as mãos na direção do santuário e bendigam o Senhor!" (Sl 134:2).
3. Deus quer que o louvemos com os lábios. "Por meio de Jesus, portanto, ofereçamos continuamente a Deus um sacrifício de louvor, que é fruto de lábios que confessam o seu nome" (Hb 13:15).
4. Deus quer que o louvemos com danças e instrumentos musicais. "Louvem eles o seu nome com danças; ofereçam-lhe música com tamborim e harpa" (Sl 149:3).
5. Deus quer que o louvemos com outros cristãos. "Proclamarei o teu nome a meus irmãos; na assembleia te louvarei" (Hb 2:12).

Entenda as promessas do Senhor

Conheça os planos do Senhor para você

Deus tem planos específicos para você. Definiu coisas importantes para sua vida e está preparando você neste instante para seu destino. Você precisa, contudo, confiar que ele sabe o caminho e que não o ferirá durante o processo.

As regras de Deus são para nosso bem, e não para nos tornar infelizes. Quando vivemos de acordo com elas, a vida funciona. Quando as ignoramos, a vida se desintegra.Quando obedecemos, temos clareza. Quando desobedecemos, temos confusão. Se você está frustrada porque não vê respostas para suas orações, pergunte a Deus se é por causa de desobediência. Diga: "Senhor, há alguma área em minha vida na qual não estou vivendo como tu gostarias?". Não insista em dizer para Deus o que você quer, sem perguntar o que ele quer.

Senhor, mostra-me como ser bênção para os que me rodeiam hoje. Mais especificamente, peço que me mostres como posso servir minha família, meus amigos, minha igreja e outras pessoas que colocaste em minha vida. Não desejo envolver-me com minhas preocupações a ponto de não enxergar as oportunidades para levar aos outros a vida que ofereces. Quero cumprir teus planos para mim.

Promessa de Deus

O Senhor Deus é sol e escudo; o Senhor concede favor e honra; não recusa nenhum bem aos que vivem com integridade.

Salmos 84:11

Conheça os planos do Senhor para você

Você nunca sabe quando chegará o momento para o qual Deus a estava preparando. E não será apenas um momento, mas uma sucessão de momentos. Não importa se você é uma mulher solteira batalhando por sua carreira ou uma senhora casada com nove filhos pequenos; não importa se você tem dezenove ou noventa anos, Deus a está preparando dia após dia para realizar grandes coisas. Ele quer que você esteja disposta a deixá-lo purificá-la, fortalecê-la e ajudá-la a crescer nele. Para isso, porém, você precisa seguir as regras. "Semelhantemente, nenhum atleta é coroado como vencedor, se não competir de acordo com as regras" (2Tm 2:5). Não há como entrar nesses momentos importantes se você não estiver cumprindo a vontade de Deus agora.

> *Deus, mostra-me tua vontade e ajuda-me a segui-la. Ajuda-me a conhecer teus caminhos e andar neles. Não quero desviar-me da rota que traçaste para mim. Quero cumprir todos os teus planos para minha vida.*

Promessa de Deus

Venham, subamos ao monte do Senhor, ao templo do Deus de Jacó. Ele nos ensinará os seus caminhos, para que andemos nas suas veredas.

Miqueias 4:2

Ande com o Senhor

Quando Deus usou Moisés a fim de conduzir os israelitas para fora do Egito, o povo teve de aprender a depender do Senhor a cada passo da jornada rumo à terra prometida. Quando deixaram de olhar para o Senhor, eles se viram em apuros. Deus nos conduz para lugares novos e desconhecidos. Por vezes, nós nos sentimos fracassadas quando temos de depender do Senhor para chegar lá. Precisamos crer que ele sempre estará ao nosso lado. Tentamos agir por conta própria porque consideramos a dependência um sinal de fraqueza. Na verdade, porém, ela indica a disposição de permitir que Deus seja forte em nós. Se você vive um momento em que não se sente capaz de dar nenhum passo sem a ajuda do Senhor, alegre-se. Você está exatamente onde ele quer.

Senhor, quando estou contigo, sinto-me em casa em qualquer lugar. Se me chamares para o deserto, aceitarei o convite, pois estarás comigo. Ajuda-me a deixar para trás o medo e a dúvida e viver pela fé. Faze tua luz resplandecer sobre o caminho que desejas que eu percorra. Perdoa-me quando me queixo ou não tenho um coração agradecido. Sei que minha atitude determinará se andarei em círculos ou se chegarei à terra prometida que reservaste para mim.

Promessa de Deus

O Senhor firma os passos de um homem,
quando a conduta deste o agrada.
Salmos 37:23

Ande com o Senhor

Quando você se recusa a andar de acordo com a direção do Senhor, não chega a lugar nenhum. Ou melhor, você não chega ao lugar onde Deus quer abençoá-la, o que, no final das contas, é o mesmo que chegar a lugar nenhum.

Não importa qual é sua situação neste momento. Onde quer que esteja, Deus traçou para você um caminho repleto de coisas boas. Aproxime-se dele, e você encontrará o rumo. "Ore rogando ao Senhor, ao seu Deus, que nos diga para onde devemos ir e o que devemos fazer" (Jr 42:3). Deus ouvirá sua oração e, se você seguir as instruções dele cuidadosamente, ele não deixará que você se desvie do caminho. A cada passo, ele revelará mais dele. Estenda a mão agora e segure a mão de Deus. Ele promete estar sempre com você e não deixá-la cair.

> *Senhor, quando tento completar a corrida sem ti, sempre perco o rumo. Por isso, entrego este dia em tuas mãos. Obrigada porque, se eu esmorecer ou tropeçar, tu me ajudarás a levantar e prosseguir. Obrigada porque nunca me abandonas.*
>
> *Apesar de eu não saber exatamente para onde estou indo, tenho certeza de que tu me capacitarás para chegar a meu destino. Obrigada porque me tens ensinado a andar em total dependência de ti. Sei que é nessa caminhada que se encontra a maior bênção.*

Promessa de Deus

Quer você se volte para a direita quer para a esquerda, uma voz atrás de você lhe dirá: Este é o caminho; siga-o.

Isaías 30:21

Viva na luz do Senhor

Tudo é obscuro quando não há luz para iluminar a situação. Se não possuímos a luz verdadeira, vivemos em trevas. Quando, porém, temos dentro de nós a luz inextinguível do Senhor, nunca vivemos em escuridão total.

Existem tipos de escuridão e precisamos saber distingui-los. A escuridão total descreve o estado em que entramos quando nos recusamos a deixar Deus entrar em nossa vida. Há, também, a escuridão das emoções negativas, como a ignorância, o orgulho, a inveja, a raiva ou o ódio. Por mais prejudiciais que sejam nossos erros, porém, Deus sempre nos mostra uma forma de sair da escuridão na qual nos encontramos.

Senhor, obrigada porque, ao andar contigo, não preciso temer as trevas. Tu estás presente até mesmo na noite mais escura. Nos momentos mais sombrios, tens tesouros reservados para mim. Quaisquer que sejam as circunstâncias que estou atravessando, tua presença e tua graça me confortam e iluminam. Obrigada porque nos tiraste das trevas e nos trouxeste para tua gloriosa luz.

Promessa de Deus

Na sua aflição, clamaram ao Senhor, e ele os salvou da tribulação em que se encontravam. Ele os tirou das trevas e da sombra mortal, e quebrou as correntes que os prendiam.

Salmos 107:13-14

Viva na luz do Senhor

Pense no que acontece quando sua casa fica sem energia elétrica à noite. É praticamente impossível fazer qualquer coisa no escuro. Você anda com cuidado, um passo de cada vez, tateando para identificar objetos conhecidos a fim de se localizar e se apoiar até encontrar uma lanterna, vela ou o interruptor do gerador. Se alguém tem uma fonte de luz, você segura a mão dessa pessoa para andar ao lado dela. Não dá nenhum passo enquanto não tem certeza de que estão indo na mesma direção.

É exatamente dessa forma que Deus usa a escuridão em nossa vida. Estamos no escuro até vermos a luz do Senhor. Deus deseja que seguremos a mão dele para andarmos juntos na mesma direção.

Senhor, creio em ti e sei que me tiraste das trevas do desespero, da futilidade e do temor. Eu me recuso a ter medo. Guarda-me de andar na escuridão da dúvida e da desobediência ou de culpá-lo pelas circunstâncias de minha vida.

Estendo a mão e peço que a segures e me conduzas. Obrigada, pois sei que, a cada passo, tu me darás luz suficiente.

Promessa de Deus

Que aquele que anda no escuro, que não tem luz alguma, confie no nome do Senhor e se apoie em seu Deus.

Isaías 50:10

Desenvolva seu relacionamento com o Senhor

Quando não reservo tempo suficiente para estar a sós com Deus, fico desgastada e não consigo prosseguir. Sinto-me como uma casca de ovo, que se quebra com facilidade sob qualquer pressão externa. Sei que preciso de maior intimidade com Deus e que nada neste mundo é mais importante. Somente a presença divina pode satisfazer meus anseios.

É essencial guardar e proteger seu relacionamento pessoal com Deus, em oração. Ore sobre todos os aspectos de sua vida a fim de permanecer espiritualmente ancorada nas promessas de Deus para você. Desse modo, você poderá manter os olhos fixos em quem o Senhor é e no propósito dele para sua vida.

Senhor, tu és minha luz e minha salvação. Tu és minha força. De quem terei medo? Serei forte e corajosa, pois sei que estás comigo aonde quer eu vá.
Desviei meu olhar de ti e focalizei minhas circunstâncias. Ajuda-me a reverter esse processo e olhar fixamente para ti. Uma vez que recebi um Reino inabalável, sou agradecida e desejo adorar-te de modo aceitável, com reverência e temor, todos os dias de minha vida.

Promessa de Deus

Se alguém tem sede, venha a mim e beba.
Quem crer em mim, como diz a Escritura, do
seu interior fluirão rios de água viva.

João 7:37-38

Desenvolva seu relacionamento com o Senhor

Reconheçamos ou não, Jesus é soberano. E não apenas do universo, mas da vida de cada uma de nós. Se não declaramos pessoalmente que Jesus é Senhor sobre nossa vida, mostramos que não somos controladas pelo Espírito Santo. Seu reconhecimento do senhorio de Cristo determinará o sucesso e a qualidade de sua vida.

Deus não quer apenas uma parte de sua vida. Ele quer todo o seu ser. Ore para Deus receber aquilo que ele quer.

> *Deus, ajuda-me a dizer-te sim ti de imediato sempre que me deres alguma instrução. Desejo agradar-te e colocar-me inteiramente a teu dispor. Entrego-te meus relacionamentos, minhas finanças, meu trabalho, meu lazer e minhas decisões, bem como meu tempo, meu corpo, minha mente, minha alma, meus desejos e meus sonhos. Coloco-os todos em tuas mãos, para que sejam usados para tua glória. Quero que sejas Senhor sobre todas as áreas de minha vida.*
>
> *Deus, governa todas as áreas de minha vida e conduze-me a tudo o que tens para mim.*

Promessa de Deus

Aqueles que esperam no Senhor renovam as suas forças. Voam alto como águias; correm e não ficam exaustos, andam e não se cansam.

Isaías 40:31

Encontre poder no nome do Senhor

Você tem dificuldade em lembrar nomes? Eu tenho. Consigo lembrar fisionomias e nomes separadamente, mas nem sempre sou capaz de juntá-los de forma correta. Às vezes, essa dificuldade me põe em apuros. Em relação a Deus, porém, a situação é diferente. Ele tem apenas uma fisionomia, mas muitos nomes. Quando não conhecemos seus nomes, temos mais dificuldade em entender os aspectos de seu caráter. Pode acontecer de esquecermos um desses aspectos justamente quando mais precisamos lembrar.

Podemos pensar em Deus como, por exemplo, nosso Consolador, mas esquecer que ele é nosso Libertador. Podemos pensar nele como nosso Protetor, mas esquecer que ele é o Deus que nos cura. Alguns só pensam nele como seu Salvador. Mas ele deseja ser mais que isso para nós. Quer que conheçamos os diferentes aspectos de seu caráter, pois o modo como o vemos afeta o modo como vivemos.

Senhor, louvo teu nome neste dia porque és bom e tua misericórdia dura para sempre. Perdoa-me por deixar de te louvar e adorar como mereces e desejas. Ensina-me a adorar-te de todo o coração. Torna-me uma verdadeira adoradora. Eu te adoro no esplendor de tua santidade e glorifico teu nome como te é devido.

Promessa de Deus

Até agora vocês não pediram nada em meu nome. Peçam e receberão, para que a alegria de vocês seja completa.

João 16:24

Encontre poder no nome do Senhor

Quando proferido em amor por alguém que o reverencia, o nome "Jesus" tem grande poder. Poder para salvar, livrar, curar, prover, proteger e muito mais. Também há grande poder em cada um dos nomes de Deus, que, proferidos com fé, amor, entendimento e reverência, nos trazem bênção e aumentam nossa fé.

O nome de Deus é sempre um lugar seguro onde você pode buscar refúgio quando precisa de ajuda. Se você está doente, busque Aquele que Cura. Se você não consegue pagar suas contas, refugie-se no Senhor que Provê. Se você está com medo, corra para sua Torre Forte. Se está passando por momentos sombrios, refugie-se na Luz Eterna. Ao proferir o nome de Deus com reverência e gratidão, você o convida a ser em sua vida aquilo que o nome descreve.

Senhor, obrigada porque há poder em teu nome. Obrigada porque Jesus recebeu o nome que está acima de todo nome, para que ao nome de Jesus se dobre todo joelho (Fp 2:9-10). Obrigada porque posso estender a mão para te tocar e ser tocada pelo poder de teu nome.

Promessa de Deus

O nome do Senhor é uma torre forte; os justos correm para ela e estão seguros.

Provérbios 18:10

Trinta nomes maravilhosos para você usar ao falar com Deus

1. Aquele que cura (Sl 103:3)
2. Redentor (Is 59:20)
3. Libertador (Sl 70:5)
4. Minha fortaleza (Sl 43:2)
5. Refúgio (Jl 3:16)
6. Amigo (Jo 15:15)
7. Intercessor (1Jo 2:1)
8. Aquele que restaura (Sl 23:3)
9. Pai Eterno (Is 9:6)
10. Amor (1Jo 4:16)
11. Mediador (1Tm 2:5)
12. Rocha (Sl 31:3)
13. Pão da vida (Jo 6:35)
14. Abrigo (Sl 32:7)
15. Luz eterna (Is 60:20)
16. Torre forte (Pv 18:10)
17. Lugar de repouso (Jr 50:6, RC)
18. Espírito da verdade (Jo 16:13)
19. Sombra contra o calor (Is 25:4)
20. Vida eterna (1Jo 5:20)
21. O Senhor que provê (Gn 22:14)
22. Senhor da paz (2Ts 3:16)
23. Água viva (Jo 4:10)
24. Meu escudo (Sl 144:2)
25. Marido (Is 54:5)
26. Ajudador (Hb 13:6)
27. Maravilhoso Conselheiro (Is 9:6)
28. Meu Rei (Sl 44:4)
29. Esperança (Sl 71:5)
30. Deus de perseverança e ânimo (Rm 15:5)

Construa os fundamentos da fé

Obediência

Quando aprendi a orar sobre todos os aspectos de minha vida, pedi a Deus que me desse a disciplina necessária para ler a Palavra todos os dias, orar fielmente e andar em obediência. Pedi que ele me livrasse da depressão e de qualquer outra coisa que me impedisse de alcançar tudo o que ele havia preparado para mim. Fiquei surpresa como Deus respondeu a essas orações sem demora. Tornei-me mais disciplinada, organizada e obediente do que seria capaz com minhas próprias forças.

Ao obedecer a Deus de novas maneiras, meu espírito é renovado a cada ano que passa. E, a cada novo passo de obediência que dou, experimento nova liberdade e novas bênçãos que nem sequer imaginava serem possíveis.

Senhor, tua palavra diz: "Se afirmarmos que estamos sem pecado, enganamos a nós mesmos, e a verdade não está em nós" (1Jo 1:8). Não desejo enganar a mim mesma por não perguntar-te em quais dos alvos que estabeleceste para minha vida tenho falhado. Revela-me se tenho feito ou deixado de fazer algo que deveria.

Promessa de Deus

Quem tem os meus mandamentos e lhes obedece, esse é o que me ama. Aquele que me ama será amado por meu Pai, e eu também amarei e me revelarei a ele.

João 14:21

Jamais chegaremos a um ponto em que poderemos orgulhar-nos de obedecer a Deus de modo perfeito, pois ele está sempre nos desenvolvendo e nos conduzindo a novos patamares de crescimento. Também não podemos cair no outro extremo e dizer: "Eu sou assim mesmo, indisciplinada e rebelde". Uma vez que Deus promete capacitar-nos para cumprir suas instruções quando lhe pedimos ajuda, não temos justificativa para ser remissas. Só precisamos dizer: "Senhor, ajuda-me a ser disciplinada o suficiente para te obedecer, a fim de me tornar a pessoa que me criaste para ser". A obra do Espírito Santo de Deus que aperfeiçoa, refina e dá equilíbrio também nos ensina a usar corretamente a liberdade que temos em Cristo.

> *Senhor, ajuda-me a ouvir tuas instruções específicas. Ensina-me claramente, por meio de tua Palavra, a discernir entre certo e errado. Não quero entristecer teu Espírito de forma alguma (Ef 4:30). Desejo aprender de modo contínuo acerca de teus caminhos para viver na plenitude da tua presença e me mover em direção a tudo o que preparaste para mim.*

Promessa de Deus

Felizes são aqueles que ouvem a palavra de Deus e lhe obedecem.

Lucas 11:28

Confissão

É difícil evitar o pecado o tempo todo. Por isso, a confissão é fundamental. Quando não confessamos pecados, falhas ou erros, eles nos separam de Deus, e nossas orações não são respondidas. "Mas as suas maldades separaram vocês do seu Deus; os seus pecados esconderam de vocês o rosto dele, e por isso ele não os ouvirá" (Is 59:2).

Quando não confessamos os pecados, tentamos esconder-nos de Deus, como Adão e Eva no jardim. Nossa tentativa, contudo, é inútil, pois a Bíblia diz que todos os nossos atos serão revelados. Quanto antes tratarmos do pecado que conseguimos ver, antes Deus poderá nos revelar os pecados que não estamos enxergando.

Senhor, confesso todo rancor de meu coração por acontecimentos passados e liberto todas as pessoas ligadas a ele. Corrige todos os mal-entendidos e sara todas as mágoas. Dá-me tua revelação e mostra-me tudo o que preciso para sair da sombra dos pecados de outrora e andar na luz que tens para mim no presente.

Promessa de Deus

Se confessarmos os nossos pecados, ele é fiel e justo para perdoar os nossos pecados e nos purificar de toda injustiça.

1João 1:9

Assim que nos damos conta do pecado, a melhor coisa a fazer é confessá-lo, buscar purificação e endireitar o coração. A confissão traz o pecado à tona e o coloca diante de Deus. Quando você confessa seu pecado, não informa a Deus algo que ele não sabia. Ele conhece todas as coisas, mas deseja que você se conscientize de que errou o alvo. Confessar não é apenas pedir desculpa. Qualquer um pode fazer isso. Todas nós conhecemos pessoas que são especialistas em se desculpar, pois têm bastante prática nisso. Na verdade, elas às vezes dizem "desculpe-me" sem admitir que erraram. A verdadeira confissão, porém, implica reconhecer o erro de modo detalhado e arrepender-se inteiramente.

Senhor, entrego a ti tudo o que fiz e tudo o que foi feito contra mim. Ofereço-te minhas recordações dolorosas e peço que me cures e restaures plenamente de modo que os males de outrora não me magoem, não me atormentem nem controlem mais. Entrego também meus erros do passado. Livra-me deles. Nem sempre sou capaz de resistir com minhas forças a certas tentações, mas sei que podes libertar-me. Transforma-me em testemunho de teu poder de cura e libertação.

Promessa de Deus

Quem esconde os seus pecados não prospera, mas quem os confessa e os abandona encontra misericórdia.

Provérbios 28:13

Arrependimento

Uma coisa é reconhecer que você fez algo contrário às leis de Deus; outra é entristecer-se com isso a ponto de tomar o firme propósito de nunca mais cometer a mesma transgressão. Arrepender-se é mudar de ideia, dar meia-volta e andar na direção contrária. É lamentar tão profundamente seu erro a ponto de fazer de tudo para não repeti-lo.

Enquanto a confissão corresponde à admissão do erro e ao reconhecimento do pecado, o arrependimento é a tristeza profunda que nos leva a abandonar o pecado. Peça todos os dias para Deus lhe mostrar em que áreas seu coração não está limpo e em ordem diante dele. Não deixe nada separá-la do que Deus tem para você.

Senhor, preciso de tua ajuda para negar a mim mesma, tomar minha cruz diariamente e seguir-te. Ajuda-me a fazer tudo o que for necessário para ser tua discípula, conforme tua palavra (Lc 14:27). Quero perder minha vida por tua causa a fim de salvá-la. Fala comigo de modo inteligível.

Promessa de Deus

Arrependam-se, pois, e voltem-se para Deus, para que os seus pecados sejam cancelados, para que venham tempos de descanso da parte do Senhor.

Atos 3:19-20

Arrependimento

Arrepender-se não significa necessariamente que jamais cometeremos o mesmo pecado outra vez. Significa que não temos a intenção de cometê-lo outra vez. Se, portanto, você precisar confessar o mesmo pecado que reconheceu e do qual se arrependeu há pouco tempo, faça-o novamente. Confesse e arrependa-se quantas vezes forem necessárias, e terá vitória sobre esse problema.

Não alimente pensamentos do tipo: Deus não me perdoará outra vez pelo mesmo pecado que confessei semana passada. O Senhor a perdoa cada vez que você confessa seu pecado diante dele e se arrepende inteiramente. Você pode realizar mudanças radicais em sua vida ao se voltar para o Senhor e se arrepender.

Senhor, preciso de tua ajuda para me afastar do que não é santo. Não quero desperdiçar minha vida com trivialidades. Dá-me discernimento para reconhecer coisas desprezíveis e afastar-me delas.

Não desejo entregar-me à impureza, mas ao que cumpre teus planos para minha vida. Ajuda-me a fazer o necessário para remover do coração o que não é teu ideal para mim. Quero examinar minha maneira de pensar e agir e voltar a teus caminhos nas áreas em que me desviei.

Promessa de Deus

Como é feliz aquele que tem suas transgressões perdoadas e seus pecados apagados!

Salmos 32:1

Entrega

Conheço um rapaz que ama o Senhor e tem o maravilhoso dom de dirigir o culto e ensinar a Palavra. No entanto, ele não consegue entregar sua vida inteiramente a Deus. Continua a fazer as coisas a seu próprio modo e fica frustrado quando não dão certo. Se ao menos ele dissesse: "O que tu quiseres, Senhor, eu farei" e vivesse de acordo com essa declaração, Deus o usaria de forma poderosa, e todas as áreas de sua vida seriam abençoadas.

Por que algumas pessoas parecem não crescer no Senhor? Ou não experimentam libertação para atuar na área em que receberam dons? A resposta, a meu ver, se encontra na palavra "entrega". Se elas abrissem mão de tudo, renunciassem às próprias vontades e se dispusessem de coração a fazer a vontade de Deus, sua vida seria melhor em todos os sentidos.

Senhor, curvo-me diante de ti neste dia e declaro que és Senhor sobre todas as áreas de minha vida hoje e sempre. Controla cada parte de minha mente, minha alma, meu corpo e meu espírito. Eu te amo de todo coração, de toda alma e de todo entendimento. Comprometo-me a confiar todo meu ser a ti.

Promessa de Deus

Se vivemos, vivemos para o Senhor; e, se morremos, morremos para o Senhor. Assim, quer vivamos, quer morramos, pertencemos ao Senhor.

Romanos 14:8

Por que é tão difícil simplesmente dizer: "O que tu quiseres, Senhor, eu farei"? Temos medo daquilo que Deus pode pedir de nós. Imaginamos que talvez ele faça algo que nos cause dor. Também não se trata apenas de declarar "Jesus é Senhor". Precisamos obedecer-lhe. Jesus perguntou: "Por que vocês me chamam 'Senhor, Senhor' e não fazem o que eu digo?" (Lc 6:46).

Se você se sente estagnada, certifique-se de ter-se entregado verdadeiramente ao Senhor. Você já reconheceu o senhorio de Jesus? Já abriu mão de tudo? Se a resposta é não, levante as mãos e dê o primeiro passo.

Senhor, farei tudo o que pedires. Direi sim a todas as tuas ordens, mesmo que eu precise morrer para mim mesma e para meus desejos. Abrirei mão dos desejos da carne a fim de ter mais de tua presença em minha vida.

Irei à igreja mesmo quando tiver vontade de ficar em casa. Orarei mesmo quando tiver vontade de ir para a cama. Lerei tua Palavra mesmo quando tiver vontade de assistir à televisão. Ofertarei mesmo quando tiver vontade de gastar meu dinheiro comigo. O louvor e a adoração serão minhas primeiras reações em qualquer situação. Farei todo esforço possível para te agradar e me mover em direção a tudo o que tens para mim.

Promessa de Deus

Se alguém quiser acompanhar-me, negue-se a si mesmo, tome diariamente a sua cruz e siga-me. Pois quem quiser salvar a sua vida, a perderá; mas quem perder a sua vida por minha causa, este a salvará.

Lucas 9:23-24

Santidade

Santidade não é sinônimo de perfeição. Ser santa significa ter dentro de si a presença daquele que é santo. Não podemos ser santas por conta própria, mas podemos fazer escolhas que permitam a manifestação da santidade e pureza em nossa vida. Podemos separar-nos de tudo o que dilui a santidade de Deus em nós. Temos a capacidade de fazer isso porque "os que pertencem a Cristo Jesus crucificaram a carne, com as suas paixões e os seus desejos" (Gl 5:24).

Em certos momentos da vida, ansiamos saber que Deus está perto, ouve nossas orações e as atende. Nessas horas, não temos tempo de colocar a vida em ordem com Deus; precisamos estar em ordem diante dele. Se desejamos que nossas orações sejam respondidas no futuro, temos de começar a viver de modo reto, puro e santo hoje.

Senhor, tua palavra diz que não me chamaste para a impureza, mas para a santidade. Tu me escolheste para ser santa e irrepreensível. Sei que me santificaste e justificaste pelo sangue de Jesus Cristo. Ajuda-me a viver no Espírito, e não na carne.

Tu me revestiste do novo homem para eu ser semelhante a ti "em justiça e santidade" (Ef 4:24). Continua a me purificar pelo poder de teu Espírito. Com tua ajuda, quero apegar-me ao que é bom e conservar-me pura.

Promessa de Deus

Quem semeia para o Espírito, do Espírito colherá a vida eterna.

Gálatas 6:8

Mesmo depois que tomamos a decisão de viver em santidade, só podemos fazê-lo pela graça de Deus. É ele quem nos capacita a cumprir sua vontade. Precisamos, contudo, pedir essa capacitação. Deus quer saber que a santidade é importante o suficiente para nós a ponto de desejarmos buscá-la. Isso não significa que já não temos de nos preocupar com o pecado e podemos fazer o que queremos, pois Deus já nos santificou. Antes, significa que temos de permanecer no Senhor e pedir sua ajuda para viver a vida que ele comprou para nós na cruz.

Ainda que resistam à santidade em sua própria vida, as pessoas se sentem atraídas por ela. Peça para Deus realçar sua beleza com a beleza da santidade dele.

> *Deus, quero ser santa como tu és santo. Torna-me participante de tua santidade. Que meu espírito, minha alma e meu corpo sejam mantidos irrepreensíveis. Sei que me chamaste para a pureza e a santidade. Obrigada porque me manterás pura e santa a fim de eu estar inteiramente preparada para tudo o que reservaste para mim.*

Promessa de Deus

Bem-aventurados os puros de coração, pois verão a Deus.

Mateus 5:8

Sete excelentes maneiras de viver em santidade

1. *Viver em santidade significa separar-se do mundo.* Isso não quer dizer que você terá de fugir para as montanhas, isolar-se e nunca mais falar com incrédulos. Significa que terá de separar seu coração do sistema de valores do mundo e valorizar as coisas que Deus considera mais importantes.
2. *Viver em santidade significa purificar-se.* Purificar-se não é vestir uma túnica branca e cobrir tudo o que não é santo em sua vida. Antes, é pedir para o Deus santo purificar seu coração.
3. *Viver em santidade significa viver no Espírito, e não na carne.* Nossos pensamentos carnais podem desqualificar-nos tanto quanto nossas ações. Ore para Deus ajudá-la a viver no Espírito, e não na carne.
4. *Viver em santidade significa afastar-se da imoralidade sexual.* A maior mentira na qual nossa sociedade acredita é imaginar que o pecado sexual é aceitável. Peça para Deus mantê-la sexualmente pura na mente, no corpo e na alma.
5. *Viver em santidade significa ser santificada por Jesus.* Uma vez que aceitamos Jesus, não podemos manter nosso antigo estilo de vida pecaminoso. Agora que Cristo vive em nós e o Espírito Santo nos guia e nos transforma, não temos mais desculpas para andar segundo nossos velhos hábitos.
6. *Viver em santidade significa andar perto de Deus.* Só conseguimos ver o Senhor com clareza quando nos esforçamos para caminhar perto dele em pureza e paz. "Esforcem-se para viver em paz com todos e para serem santos; sem santidade ninguém verá o Senhor" (Hb 12:14).
7. *Viver em santidade significa deixar Deus nos guardar.* Santidade é a vontade de Deus para nossa vida, algo que ele planejou para nós desde o princípio. Deus tornou possível vivermos em santidade. E ele é capaz de nos manter santas. Quando nosso coração deseja viver em pureza e fazer aquilo que é certo, Deus nos guarda de cair em pecado.

Persevere em meio às tribulações

Creia que você nunca está sozinha

Deus quer que você tenha consciência da presença dele em sua vida. Deseja assegurar-lhe que, quando sentir temor, poderá voltar-se para ele e encontrar a paz que só o Senhor oferece. Quando estiver cansada, receberá forças do alto. Quando estiver vazia, encontrará nele plenitude. Quando estiver triste, descobrirá a alegria divina. E, quando estiver no meio de uma tempestade violenta, encontrará em Deus abrigo e provisão.

Traga Deus para dentro de sua rotina e experiências diárias. Busque-o em meio às dificuldades e necessidades.

Senhor, somente tu podes preencher o vazio de meu coração. Sei que és o único elemento constante de minha vida e que jamais me deixarás. Todo o resto é temporário e mutável. Tu és um Deus bom e teu amor por mim não tem fim. Ajuda-me a lançar meus fardos sobre ti e a deixar que tu os carregues.

Peço que caminhes comigo, Senhor. Confio em ti. Toma-me pela mão e conduze-me até eu sentir outra vez tua luz em meu rosto e tua alegria em meu coração.

Promessa de Deus

Sabes quando me sento e quando me levanto; de longe percebes os meus pensamentos. Sabes muito bem quando trabalho e quando descanso; todos os meus caminhos são bem conhecidos por ti.

Salmos 139:2-3

Creia que você nunca está sozinha

Lembro uma época específica de grande dificuldade em minha vida em que me senti profundamente sozinha. A aflição era tanta que me voltei para Deus, levantei os braços e clamei: "Senhor, porque me sinto sempre tão só? Tu prometeste suprir todas as minhas necessidades e preciso que removas esta solidão de dentro de mim".

No momento em que orei, senti claramente os braços de Deus envolvendo-me. O mais extraordinário é que, desde então, nunca mais me senti sozinha. Agora, considero qualquer sinal de solidão um convite de Deus para passar tempo com ele. Sei que ele não é a causa desse sentimento, mas também não o ignora. Ele o vê e deseja preencher os vazios de meu coração com seu amor. Sempre que estendo meus braços para o Senhor, ele está por perto.

> *Obrigada, Senhor, porque estás próximo de todos os que te invocam e satisfarás o desejo do coração daqueles que te temem. Obrigada porque ouves meus clamores e me salvas de toda fraqueza que poderia afastar-me de teus planos para mim. Obrigada porque me livras da solidão sempre que eu me aproximo de ti.*

Promessa de Deus

Quando clamei, tu me respondeste;
deste-me força e coragem.

Salmos 138:3

Aprenda a depender do Senhor

Dia após dia, o Senhor me tem ensinado a confiar mais nele a cada passo da caminhada. Ele me leva para além da minha zona de conforto. Conduz-me a territórios novos mesmo quando eu preferia ficar em lugares conhecidos. Permite que eu enfrente grandes desafios físicos, mentais e emocionais. Pede que eu faça coisas das quais não sou capaz sem seu poder.

Entrego ao Senhor cada dia de minha existência, grata pelo fôlego de vida que ele me dá e decidida a buscar a bênção em todo momento, não importam as circunstâncias. Mesmo quando não consigo enxergar o caminho e a jornada me deixa apreensiva, sigo a direção do Senhor, pois, no fundo de meu espírito, sei que esses passos simples de fé estão me preparando para a eternidade.

Senhor, dependo de ti para tudo. Abro mão de minha independência. Com tua ajuda, posso superar minhas dificuldades e deixar tua luz resplandecer através de mim. Dá-me tua sabedoria e teu discernimento e mostra-me o que devo fazer para permanecer no caminho que traçaste para mim. Quero libertar-me do passado e olhar para o futuro eterno contigo. Ajuda-me a te seguir enquanto iluminas meu caminho neste dia.

Promessa de Deus

Eles não precisarão de luz de candeia, nem da luz do sol, pois o Senhor Deus os iluminará.

Apocalipse 22:5

Aprenda a depender do Senhor

Vamos deixar algo bem claro: você e eu não somos perfeitas. Ninguém é perfeito. Ninguém é incapaz de pecar. Ninguém tem uma vida sem problemas. Ninguém andou com o Senhor tempo suficiente para saber tudo e não precisar aprender mais nada. Ninguém é tão completo a ponto de não precisar de Deus. Ninguém sabe o tempo todo o que fazer em cada situação da vida.

Essa é a verdade a respeito da humanidade, e ponto final. Quando a aceitamos, podemos ser completamente honestas conosco a nosso respeito. Também podemos apropriar-nos da liberdade de sermos dependentes de Deus.

> *Senhor, ajuda-me a não ficar ansiosa com relação a meu futuro, mas a descansar na certeza de que ele está seguro em tuas mãos. Quero manter um pé na eternidade enquanto seguro tua mão. Quero acumular tesouros no céu para me sentir em casa ao chegar lá. E, quando der o passo final em direção a meu futuro contigo, sei que estarás a meu lado ali também. Ajuda-me a depender de ti todos os dias de minha vida.*

Promessa de Deus

Quem confia em si mesmo é insensato, mas quem anda segundo a sabedoria não corre perigo.

Provérbios 28:26

Espere no Senhor

Quantas vezes ao longo da vida você não teve de esperar por algo? Mudança das circunstâncias, mais dinheiro, relacionamentos melhores, a oportunidade ideal, a pessoa certa, alguém que notasse você. Não é agradável esperar. Deus, porém, afirma que esperar pode ser algo bom, pois nos ensina a ser pacientes.

A paciência, um atributo de Deus, é uma das virtudes necessárias para nos tornarmos completas. Quando somos pacientes, nos assemelhamos ao Senhor. Quando somos provadas no deserto e precisamos abrir mão de nossos sonhos ou enfrentar provações intensas, aprendemos, entre outras coisas, a ser pacientes.

Senhor, espero em ti neste dia. Ponho minha esperança em tua Palavra e peço que me enchas novamente com teu Espírito Santo e removas de mim toda ansiedade e dúvida. Faze tua luz brilhar nos cantos escuros de minha alma que precisam ser revelados. Não quero que minha impaciência ou minha falta de confiança sejam empecilhos para aquilo que desejas fazer em mim. Ajuda-me a ser paciente, Senhor. Ajuda-me a ser semelhante a ti.

Promessa de Deus

Mas aqueles que esperam no Senhor renovam as suas forças. Voam alto como águias; correm e não ficam exaustos, andam e não se cansam.

Isaías 40:31

Além de orar, você pode fazer outras coisas para evitar que os períodos de espera no Senhor se transformem em momentos sombrios. Permaneça na Palavra de Deus e continue a aprender a respeito do Senhor. Peça que ele lhe mostre os talentos e as aptidões concedidos e como desenvolvê-los. Peça que lhe revele o que você precisa começar a fazer ou deixar de fazer. Talvez Deus esteja esperando por você.

Se você continuar a caminhar com o Senhor e a dar passos que sabe serem corretos, certamente chegará a seu destino. Ainda que a jornada pareça demorada, não desanime. Não é raro Deus realizar com rapidez uma obra que ele vinha preparando há muito tempo. Entrementes, permita que ele a sustente. Diga para si mesma: "Descanse no Senhor e aguarde por ele com paciência" (Sl 37:7).

Senhor, sei que, mesmo quando minha vida parecer estagnada, se eu me apegar a ti, continuarei avançando no rumo que traçaste para mim. Enquanto espero em ti, peço tua ajuda para crescer no entendimento de teus caminhos e não sucumbir à impaciência ou ao desânimo só porque o meu cronograma não coincide com o teu. Fortalece minha fé para que eu dependa de teu tempo perfeito. Ajuda-me a descansar em ti e a me contentar com o lugar onde estou e com a luz que me tens dado.

Promessa de Deus

Espere no Senhor. Seja forte! Coragem!
Espere no Senhor.
Salmos 27:14

Persevere na fé

Lembre-se de que, se você não tem orado muito, não pode esperar que as coisas mudem da noite para o dia. Sua vida é como um transatlântico que leva algum tempo para dar a volta e rumar em outra direção. Na verdade, você pode ter dificuldade para, a princípio, detectar alguma diferença. A oração pode mudar o rumo de sua vida, mas nem sempre isso acontece no momento em que você pronuncia as primeiras palavras.

Não desista de orar, pois você pode estar prestes a receber as respostas. Lembre-se de que sua viagem não é um cruzeiro rápido próximo ao porto, mas um longo percurso que se estende por toda a vida em direção ao seu destino. Desistir não é uma opção.

Senhor, apresento a ti as coisas que mais me assustam e peço tua proteção para mim e para meus entes queridos. Sei que meu inimigo "me faz morar nas trevas". Então "o meu espírito desanima [...] Faze-me ouvir do teu amor leal pela manhã, pois em ti confio. Mostra-me o caminho que devo seguir, pois a ti elevo a minha alma"(Sl 143:3-4,8). Dá-me sabedoria, força e discernimento para ouvir o que tu me estás dizendo em meio a situações sombrias ou angustiantes. Que minha vida seja testemunho do poder de tua glória manifesta enquanto caminho na luz que me concedes.

Promessa de Deus

O Senhor é a minha luz e a minha salvação; de quem terei temor? O Senhor é o meu forte refúgio; de quem terei medo?
Salmos 27:1

Persevere na fé

Não se esqueça de que, quanto mais sério for o seu compromisso com o Senhor, mais o diabo tentará perturbá-la. Por isso, se você está caminhando para um nível mais profundo de compromisso com Deus, se está entrando em um novo período de libertação e liberdade, ou se está ingressando em um novo ministério ou oportunidade que Deus criou especialmente para você, esteja certa de que o adversário levantará obstáculos.

O Diabo tentará fazê-la desistir e crer que ele é mais poderoso do que Deus, quando, na realidade, é muito mais fraco. Ele tentará convencê-la de que está vencendo a batalha quando, na verdade, já foi derrotado. Não deixe o inimigo de sua alma persuadi-la a aceitar qualquer coisa aquém da vontade de Deus para sua vida.

Senhor Jesus, obrigada porque sofreste e morreste por mim na cruz e ressuscitaste para vencer a morte e o inferno. Sei que meu inimigo foi derrotado por causa do que tu fizeste. Obrigada porque me deste toda autoridade sobre ele. Tenho fé de que, pelo poder do Espírito Santo, sou capaz de resistir ao Diabo para que ele fuja de mim.

Mostra-me as ocasiões em que não estou vivendo pela fé. Ajuda-me a usar a autoridade que me concedeste para derrotar o inimigo em todas as áreas de minha vida.

Promessa de Deus

Eu lhes asseguro que se vocês tiverem fé do tamanho de um grão de mostarda, poderão dizer a este monte: Vá daqui para lá, e ele irá. Nada lhes será impossível.
Mateus 17:20

Peça ajuda

Não nos tornamos cheias do Espírito Santo contra nossa vontade. Podemos escolher, mas precisamos estar abertas para a plenitude do Espírito, almejá-la e pedir que ela aconteça. Deus quer que ansiemos por ele e desejemos que o Espírito habite em nós.

O Espírito Santo é o poder de Deus. Peça para ser cheia por ele a fim de caminhar segundo os propósitos do Senhor para você.

Senhor, desejo viver segundo tua vontade a cada dia. Ajuda-me a não ficar presa ao passado ou ansiosa com o futuro e perder a riqueza de bênçãos do presente. Ajuda-me a desfrutar essa riqueza neste momento. Não quero dar nenhum passo sem tua presença. Enche-me novamente com teu Espírito Santo neste dia. Guia-me pelo caminho no qual tu desejas que eu ande. Só prosseguirei quando receber direção clara de tua parte.

Promessa de Deus

Se vocês, apesar de serem maus, sabem dar boas coisas aos seus filhos, quanto mais o Pai que está nos céus dará o Espírito Santo a quem o pedir!

Lucas 11:13

Peça ajuda

Quando você encontrar dificuldade em andar nos caminhos do Senhor, peça ajuda ao Espírito Santo. É claro que você ainda terá de dar o primeiro passo, por mais assustador, ameaçador, terrível, desconfortável ou desagradável que seja. Quando o fizer, porém, o Espírito Santo a ajudará no restante do caminho.

Anos atrás, Deus dirigiu meu marido e eu a nos mudarmos da Califórnia para o Tennessee. Não era algo que eu desejava fazer. No entanto, como foi uma instrução clara do Senhor, preparamos nossa mudança e obedecemos. Com o passar do tempo, os motivos para nos mudar se tornaram cada vez mais claros e sou extremamente grata porque entendemos a direção de Deus e a seguimos. É provável, contudo, que isso não tivesse acontecido se não houvéssemos dito, com todas as letras: "Senhor, mostra-nos o que devemos fazer".

Senhor, obrigada por tua palavra. Ela é o alimento sem o qual minha alma não pode sobreviver. Capacita-me a compreender seu significado mais profundo. Dá-me entendimento cada vez maior e revela os tesouros escondidos em tuas Escrituras. Fala ao meu coração aquilo que tu desejas que eu saiba e ajuda-me a ouvir tua voz.

Promessa de Deus

Quem examina cada questão com cuidado prospera, e feliz é aquele que confia no Senhor.
Provérbios 16:20

Quatro boas razões para os tempos difíceis

1. *Por vezes, passamos por situações difíceis para que a glória e poder de Deus sejam revelados em nós e por meio de nós.* Quando Jesus passou por um cego de nascença, os discípulos perguntaram se o homem era cego por causa de seu próprio pecado ou do pecado de seus pais. Jesus respondeu: "Nem ele nem seus pais pecaram, mas isto aconteceu para que a obra de Deus se manifestasse na vida dele" (Jo 9:3). É possível que só compreendamos o motivo de certas coisas quando estivermos com o Senhor. Quando buscamos a Deus em meio às nossas dificuldades, porém, sua glória se manifesta nelas e em nós.
2. *Deus usa as dificuldades para nos purificar.* A Bíblia diz: "Portanto, uma vez que Cristo sofreu corporalmente, armem-se também do mesmo pensamento, pois aquele que sofreu em seu corpo rompeu com o pecado" (1Pe 4:1). Em outras palavras, o sofrimento em meio às dificuldades purificará nossa vida do pecado e do egoísmo. Deus permite a aflição para nos ensinar a viver para ele, e não para nós mesmas, e para que busquemos a vontade dele, e não a nossa. Enquanto estamos passando pelas tribulações, elas não são nada agradáveis, mas Deus quer "que participemos da sua santidade" (Hb 12:10). Quer que deixemos de lado as coisas que cobiçamos e nos apeguemos ao que é mais importante na vida: o Senhor.
3. *Por vezes, nossas dificuldades são uma forma de disciplina do Senhor.* "Nenhuma disciplina parece ser motivo de alegria no momento, mas sim de tristeza. Mais tarde, porém, produz fruto de justiça e paz para aqueles que por ela foram exercitados" (Hb 12:11).

O fruto da disciplina e poda ao qual o Senhor nos sujeita faz as tribulações valerem a pena. Precisamos cuidar, portanto, para não resistir a elas nem rejeitá-las. “Meu filho, não despreze a disciplina do Senhor, nem se magoe com a sua repreensão, pois o Senhor disciplina a quem ama, e castiga todo aquele a quem aceita como filho” (Hb 12:5-6).

4. *Por vezes, sofremos os reflexos da obra do inimigo.* O Maligno sente prazer em nos tornar infelizes e tentar destruir nossa vida. Em muitas ocasiões, a angústia, a tristeza, a aflição ou a dor que você sente nada mais são que obra do Diabo, e não culpa sua ou de outra pessoa. Você pode encontrar consolo em saber que, ao louvar a Deus no meio da provação, o Senhor mesmo derrotará o inimigo e fará o mal redundar em bem inimaginável. Deus quer que você ande ao lado dele pela fé e lhe ensinará a confiar nele em meio à tribulação .

Caminhe para o futuro

Futuro maravilhoso

Deus tem um futuro maravilhoso planejado para você. Sei disso, pois ele mesmo o prometeu. Ele diz que você nunca viu, ouviu ou imaginou algo tão extraordinário quanto os planos dele para sua vida (1Co 2:9).

Lembre-se de que Deus "é capaz de fazer infinitamente mais do que tudo o que pedimos ou pensamos, de acordo com o seu poder que atua em nós" (Ef 3:20). Mantenha os olhos fixos no Senhor, e ele a guardará em perfeita paz enquanto a conduz ao futuro que preparou especialmente para você.

Senhor, entrego meu futuro a ti e peço que me concedas paz completa a respeito do amanhã. Não quero tentar garantir meu futuro com meus próprios planos. Desejo estar no centro de teus desígnios para minha vida, certa de que tu me darás todo o necessário para lidar com o que vem pela frente. Peço que me fortaleças para que eu persevere sempre. Obrigada, Espírito Santo, porque estás sempre comigo e me guiarás ao longo do caminho, a fim de que eu não me desvie. Lanço todos os meus cuidados sobre ti, pois sei que cuidas de mim e não me deixarás cair. Desejo segurar tua mão hoje para andar contigo em direção ao futuro que preparaste para mim.

Promessa de Deus

Certamente haverá bom futuro para você, e a sua esperança não falhará.

Provérbios 23:18

Futuro maravilhoso

Se você ficar ansiosa a respeito do futuro ou precisar de incentivo para encará-lo, ouça a voz de Deus. Segundo a Palavra, os planos do Senhor são tão maravilhosos que, se você pudesse compreendê-los plenamente, veria que "os nossos sofrimentos atuais não podem ser comparados com a glória que em nós será revelada" (Rm 8:18). Quer dizer, tudo o que você visualiza hoje para sua vida é pequeno demais. Apesar de vivermos em um mundo de mudanças instantâneas e de grandes incertezas, Deus é imutável. Ainda que você desconheça os detalhes do futuro, pode estar certa de que Deus sabe de tudo. Ele a guiará em segurança até seu destino. Na verdade, a única maneira de alcançar o futuro que Deus lhe preparou é andar com ele hoje.

> *Senhor, ajuda-me a agir de modo que tudo termine bem e eu receba o prêmio final. Que eu possa permanecer vigilante em oração, pois não sei quando o fim de minha vida chegará. Sei que me salvaste e chamaste com uma santa vocação; não em virtude das minhas obras, mas por tua determinação e graça. Conduze-me a um ministério poderoso que leve outros ao teu Reino e glorifique teu nome. Humilho-me sob tua mão poderosa, certa de que, no devido tempo, tu me exaltarás.*

Promessa de Deus

Porque sou eu que conheço os planos que tenho para vocês, diz o Senhor, planos de fazê-los prosperar e não de lhes causar dano, planos de dar-lhes esperança e um futuro.
Jeremias 29:11

Sublime propósito

Cada uma de nós tem um propósito no Senhor, mas nem sempre nos damos conta disso. Quando não entendemos bem nossa identidade, procuramos imitar alguém ou nos esforçamos para ser algo que não somos. Comparamo-nos com os outros e sempre saímos perdendo.

Deus não quer isso para você. Ele deseja que você tenha uma visão clara de sua vida. Deseja revelar quais são seus dons e talentos e mostrar como você pode desenvolvê-los ao máximo para a glória dele.

Senhor, obrigada porque me chamaste com uma santa vocação, não por algum mérito de minha parte, mas pela graça que me foi dada em Cristo Jesus (2Tm 1:9). Sei que tu já havias feito planos para mim antes de eu te conhecer e sei que os concretizarás.

Peço que me mostres claramente, portanto, os dons e talentos que me concedeste. Conduze-me pelo caminho certo à medida que desenvolvo esses dons. Capacita-me a usá-los segundo tua vontade e para tua glória.

Promessa de Deus

Nele fomos também escolhidos tendo sido predestinados conforme o plano daquele que faz todas as coisas segundo o propósito da sua vontade, a fim de que nós, os que primeiro esperamos em Cristo, sejamos para o louvor da sua glória.

Efésios 1:11-12

Sublime propósito

Todas nós precisamos ter consciência do motivo de nossa existência. Precisamos saber que fomos criadas com um propósito. Só encontraremos satisfação e felicidade quando fizermos aquilo para o que fomos criadas. Deus não nos conduzirá, porém, às grandes coisas que nos chamou a realizar enquanto não nos mostrarmos fiéis nas pequenas coisas. Se você está fazendo algo que considera pequeno, regozije-se! Deus a está preparando para as grandes coisas por vir. Nunca se esqueça de que Deus tem um propósito importante para sua vida e de que os planos dele para você são excelentes.

Senhor, ajuda-me a entender teu chamado para minha vida. Remove todo desânimo de meu coração e substitui-o pela alegre expectativa daquilo que realizarás por meu intermédio. Usa-me como teu instrumento para fazer diferença na vida das pessoas que puseres em meu caminho. Ajuda-me a descansar na certeza de que teu tempo é perfeito.
Entrego a ti minha identidade e meu destino. Mostra-me se estou seguindo teus planos. Desejo que tua obra em minha vida seja eterna.

Promessa de Deus

Empenhem-se ainda mais para consolidar o chamado e a eleição de vocês, pois se agirem dessa forma, jamais tropeçarão.
2Pedro 1:10

Dádiva de sabedoria

Ter sabedoria é ter entendimento e discernimento. É saber como aplicar a verdade às situações e distinguir entre certo e errado. É ter bom senso e ser capaz de perceber quando o perigo se aproxima. É a aptidão de fazer a escolha certa e tomar a decisão correta. Somente Deus pode dar esse tipo de sabedoria.

Nem fazemos ideia de quantas vezes a sabedoria salvou nossa vida ou nos preservou do mal e de quantas vezes ela o fará no futuro. Por isso não podemos viver sem ela e devemos pedi-la insistentemente a Deus.

Senhor, peço tua sabedoria e teu entendimento em todas as coisas. Sei que a sabedoria é melhor que o ouro, e o entendimento, melhor que a prata (Pv 16:16). Enriquece-me, portanto, com sabedoria e entendimento, para que eu possa distinguir tua verdade em todas as situações. Obrigada porque o Senhor "dá sabedoria aos sábios e conhecimento aos que sabem discernir" (Dn 2:21). Não desejo confiar em meu coração, mas em tua palavra e instrução para andar de modo sábio e não agir com ignorância ou insensatez. Sei que em ti, Senhor, "estão escondidos todos os tesouros da sabedoria e do conhecimento" (Cl 2:3). Ajuda-me a descobri-lo.

Promessa de Deus

Clame a mim e eu responderei e lhe direi coisas grandiosas e insondáveis que você não conhece.

Jeremias 33:3

Dádiva de sabedoria

Deus tudo vê porque ele está acima de tudo. Quando cultivamos um relacionamento contínuo com Deus e pedimos que ele nos guie, somos alertados do perigo. Muitas vezes, porém, não nos relacionamos com Deus dessa forma. Não clamamos por ele nem buscamos sua direção. Não pedimos sabedoria nem consideramos as situações sob a ótica dele, então, nos desviamos do caminho e caímos no precipício.

Você já viu alguém sem sabedoria fazer algo claramente errado ou tomar uma decisão imprudente? Um amigo? Um membro da família? As consequências são óbvias, mas eles não parecem enxergá-las. É sempre mais fácil ver a falta de sabedoria nos outros que em nós mesmas. É por isso que precisamos pedi-la a Deus diariamente. Procure ver sua vida e suas circunstâncias como Deus as vê.

Senhor, ajuda-me a sempre pedir conselho a pessoas tementes a ti. Obrigada porque tu me darás a instrução e o conselho de que preciso.

Tenho prazer em tua Palavra. Ajuda-me a meditar nela dia e noite, a falar dela, a gravá-la na mente e no coração. Sei que "quem confia em si mesmo é insensato, mas quem anda segundo a sabedoria não corre perigo" (Pv 28:26). Ajuda-me a andar em justiça, retidão e obediência a teus mandamentos. Guarda-me do mal para que eu possa me apropriar da saúde e da força que tua Palavra promete.

Promessa de Deus

Tu me farás conhecer a vereda da vida, a alegria plena da tua presença, eterno prazer à tua direita.
Salmos 16:11

Tempo para buscar ao Senhor

Antes de conhecer ao Senhor, eu me envolvi com várias formas de ocultismo, religiões orientais e nova era. Procurei Deus em todas elas, na esperança de encontrar algum sentido ou propósito para minha vida.

Os deuses que eu buscava eram distantes, frios, arredios e desprovidos de poder para salvar ou transformar vidas.

O Deus da Bíblia, contudo, me salvou e me transformou!

Ele é o único e verdadeiro Deus vivo. Ele quer estar perto de nós. Por isso é chamado de Emanuel, "Deus conosco".

Devemos reservar tempo para buscar e nos aproximar do Deus que quer estar conosco.

Deus, achego-me a ti hoje, grata, porque te aproximas de mim conforme prometeste em tua Palavra. Desejo permanecer em tua presença e ter um relacionamento mais profundo e íntimo contigo. Quero conhecer-te de todas as formas possíveis. Ensina-me o que preciso aprender para te conhecer melhor. Estou aberta para tudo o que desejas realizar em mim. Não quero limitar tua obra por não te reconhecer de todas as formas possíveis. Declaro neste dia que tu és o Deus que me cura; és meu Libertador, meu Redentor e meu Consolador.

Promessa de Deus

Aproximem-se de Deus, e ele se aproximará de vocês!

Tiago 4:8

Tempo para buscar ao Senhor

Se pudesse conversar com você pessoalmente sobre sua vida, eu lhe diria que, se você aceitou a Cristo como Salvador, a resposta para suas necessidades se encontra em seu íntimo. Isso porque o Espírito Santo de Deus habita em você e a guiará em tudo. Ele transformará seu coração e suas circunstâncias de formas inimagináveis. Para isso, porém, será preciso abrir mão do desejo de fazer tudo à sua maneira e deixar o Espírito operar à maneira dele.

Todas queremos ter intimidade, cultivar relacionamentos e saber-nos admiradas e desejadas. Só Deus pode proporcionar-nos tudo isso o tempo todo, por meio de um relacionamento íntimo com ele. Ninguém jamais será capaz de conhecer você tão bem ou amá-la tanto quanto o Senhor.

O anseio insaciável por algo mais, o vazio que você deseja que pessoas próximas ocupem, tudo isso foi colocado em seu coração por Deus, para que ele próprio possa saciá-los e preenchê-los.

Senhor, ajuda-me a separar tempo para ficar a sós contigo a cada dia e a resistir ao que possa impedir isso. Ensina-me a orar conforme tua vontade. Ajuda-me a aprender mais de ti. Tenho sede de te conhecer melhor, pois sem ti minha vida é um deserto.

Sei que existem manifestações mais profundas de tua presença que desejo experimentar. Peço que me aproximes de ti para que eu possa permanecer em tua presença como nunca antes.

Promessa de Deus

Jesus levantou-se e disse em alta voz: Se alguém tem sede, venha a mim e beba. Quem crer em mim, como diz a Escritura, do seu interior fluirão rios de água viva.

João 7:37-38

Passos de fé

Quando completei dez anos de idade, ganhei um pendente e uma delicada corrente de ouro. Tratava-se de uma pequena esfera de vidro em cujo interior havia um minúsculo grão de mostarda. Na época, pensei: Por que alguém se daria o trabalho de colocar ali dentro uma semente tão pequena que quase não dá para ver? Só alguns anos depois é que descobri o significado daquele pingente. Jesus diz que, se tivermos fé do tamanho de um grão de mostarda, nossa fé será suficiente para mover montes!

Deus transforma essa fé minúscula pela qual vivemos em algo imenso. A Bíblia fala da "medida da fé que Deus lhe concedeu (Rm 12:3).

Não partimos da estaca zero. Temos alguma fé! Quando vivemos por essa fé, Deus a faz crescer.

Senhor, aumenta a minha fé. Ensina-me a viver pela fé, e não pelo que vejo (2Co 5:7). Dá-me forças para permanecer firme em tuas promessas e crer em todas as tuas palavras. Sei que "a fé vem por se ouvir a mensagem, e a mensagem é ouvida mediante a palavra de Cristo" (Rm 10:17). Faze minha fé crescer cada vez que eu ler ou ouvir tua Palavra. Ajuda-me a crer que tuas promessas se cumprirão em mim. Que a autenticidade da minha fé possa glorificar-te.

Promessa de Deus

Ele respondeu: Porque a fé que vocês têm é pequena. Eu lhes asseguro que se vocês tiverem fé do tamanho de um grão de mostarda, poderão dizer a este monte: Vá daqui para lá, e ele irá. Nada lhes será impossível.

Mateus 17:20

Passos de fé

A cada dia torna-se mais essencial que vivamos pela fé. Há ocasiões em que precisamos do tipo de fé que faz diferença entre sucesso e fracasso, vitória e derrota, vida e morte. Por isso devemos orar continuamente pedindo mais fé. Por maior que ela seja, Deus pode aumentá-la.

De qual promessa de Deus você gostaria de se apropriar pela fé? O que você gostaria de ver Deus realizar em sua vida ou na vida de alguém que você conhece e que exige oração de grande fé? Peça para Deus transformar o pequeno grão em uma árvore imensa a fim de que você veja essas coisas se concretizarem.

Deus, sei que "fé" é a certeza daquilo que esperamos e a prova das coisas que não vemos. Também sei que fui salva "pela graça por meio da fé", e que ela é um presente teu. Aumenta minha fé para que eu possa orar com poder. Dá-me fé para crer na cura toda vez que orar pelos enfermos. Não desejo ver uma necessidade e não ter fé suficientemente forte para orar e crer a ponto de mudar a situação. Confesso toda dúvida como pecado e peço que me perdoes. Não desejo que as dúvidas impeçam tua ação em minha vida e por meio de mim. Aumenta minha fé a cada dia para que eu possa mover montanhas em teu nome.

Promessa de Deus

Tudo é possível àquele que crê.

Marcos 9:23

Dez bons motivos para pedir sabedoria

1. Para desfrutar longevidade, riqueza e honra. “Na mão direita, a sabedoria lhe garante vida longa; na mão esquerda, riquezas e honra” (Pv 3:16).
2. Para ter uma vida plena. “Os caminhos da sabedoria são caminhos agradáveis, e todas as suas veredas são paz” (Pv 3:17).
3. Para desfrutar vitalidade e felicidade. “A sabedoria é árvore que dá vida a quem a abraça; quem a ela se apega será abençoado” (Pv 3:18).
4. Para dar passos firmes. “Então você seguirá o seu caminho em segurança, e não tropeçará” (Pv 3:23).
5. Para receber descanso revigorante. “Quando se deitar, não terá medo, e o seu sono será tranquilo” (Pv 3:24).
6. Para ter segurança. “Pois o Senhor será a sua segurança e o impedirá de cair em armadilha” (Pv 3:26).
7. Para ter proteção. “Não abandone a sabedoria, e ela o protegerá; ame-a, e ela cuidará de você [...] Assim, quando você [...] [pelas veredas] seguir, não encontrará obstáculos; quando correr, não tropeçará” (Pv 4:6,12).
8. Para ser honrada. “Dedique alta estima à sabedoria, e ela o exaltará; abrace-a, e ela o honrará” (Pv 4:8).
9. Para ser guardada e receber livramento. “Pois a sabedoria entrará em seu coração, e o conhecimento será agradável à sua alma. O bom senso o guardará, e o discernimento o protegerá. A sabedoria o livrará do caminho dos maus, dos homens de palavras perversas” (Pv 2:10-12).
10. Para obter conhecimento. “Se o sábio lhes der ouvidos, aumentará seu conhecimento, e quem tem discernimento obterá orientação” (Pv 1:5).

Siga a direção de Deus

Perspectiva correta

Você fica indignada, chateada ou arrasada quando as coisas não saem como você espera ou planeja? Na próxima vez em que isso acontecer, analise a situação com atenção e peça para Deus lhe dar uma nova perspectiva.

Uma vez que andamos na luz do Senhor, recebemos bênçãos copiosas a todo momento. Por vezes, porém, precisamos procurá-las. Minha filha, Mandy, e eu, desenvolvemos um plano para encontrar a verdade por trás de algo que deu errado. Analisamos a situação e perguntamos: "O que há de bom aqui?". Pedimos que Deus nos mostre como uma circunstância aparentemente negativa é, na realidade, positiva.

Não se trata simplesmente de pensar de forma positiva ou de tentar fazer coisas boas acontecerem com o poder dos pensamentos. Trata-se de ver as coisas do ponto de vista de Deus e deixar que ele revele a verdade.

Senhor, apresento a ti as situações que me preocupam. Entrego minhas apreensões e peço que tua intervenção poderosa me mostre os aspectos positivos quando só consigo enxergar o lado negativo. Estou decidida a ver o bem e preciso de tua ajuda para não ser cegada por meus medos, minhas dúvidas, meus desejos e preconceitos. Peço que me reveles a verdade em todas as circunstâncias.

Promessa de Deus

Sabemos que Deus age em todas as coisas para o bem daqueles que o amam, dos que foram chamados de acordo com o seu propósito.

Romanos 8:28

Perspectiva correta

Olhe para sua vida neste momento. Algo a preocupa ou perturba? Em caso afirmativo, diga: "Senhor, mostra-me o que há de bom nessa situação. Ajuda-me a enxergá-la de teu ponto de vista". Você ficará surpresa com o que Deus revelará.

Se você cultivar a atitude de buscar com gratidão a verdade de Deus e o bem em todas as situações, sua vida mudará. Você nunca mais verá as coisas da mesma forma. Não importam quais sejam as circunstâncias, você será capaz de dizer: "Isso vem do Senhor". É uma questão de confiança. É crer no princípio fundamental de que Deus é bom e deseja o melhor para você. Confie em Deus e você verá que há mais luz a seu redor do que você jamais imaginou ser possível.

Senhor, dá-me tua perspectiva para o dia de hoje e para meu futuro. Abençoa-me com a capacidade de entender o contexto mais amplo e distinguir entre as coisas valiosas e as desprezíveis. Quando algo der errado, ajuda-me a não tirar conclusões negativas e precipitadas. Abre meus olhos para as respostas às minhas orações.

Desejo confiar em ti, Senhor, em todos os aspectos. Ao olhar para minha vida e para minhas circunstâncias, quero ver a boa obra que estás realizando em mim.

Promessa de Deus

Provem, e vejam como o Senhor é bom. Como é feliz o homem que nele se refugia!

Salmos 34:8

Chamado divino

Deus tem um chamado para você e para mim. Estamos dispostas a ouvi-lo e descobrir qual é esse chamado? Vejo muitas pessoas tão ocupadas, cansadas, preocupadas ou empenhadas em obter riqueza ou fama que não conseguem ouvir o chamado de Deus. Sei de outras que o ouviram, mas fugiram dele.

Se você imagina que está sendo chamada a fazer algo melhor do que está fazendo agora, é bem provável que esse seja realmente o caso. Se você nunca conversou com Deus a respeito dos planos e propósitos dele para sua vida, faça isso agora. Saiba que ele não a deixará nem a abandonará. Busque a vontade dele e fique atenta a seu chamado.

Senhor, sei que tens um grande propósito para mim e um plano para minha vida. Abre-me os ouvidos para que eu escute tua voz conduzindo-me ao que me reservaste. Alinha meu coração com o teu e prepara-me para entender aonde devo ir e o que devo fazer.

Ajuda-me a ouvir teu chamado. Não desejo ser improdutiva nem ficar insatisfeita porque não ouvi teu chamado com clareza. Enche-me com tua grandeza para que eu possa realizar grandes coisas em favor de outros, conforme teu chamado para mim. Assumo o compromisso de percorrer esse caminho passo a passo contigo para me tornar tudo o que me criaste para ser.

Promessa de Deus

E aos que predestinou, também chamou; aos que chamou, também justificou; aos que justificou, também glorificou.

Romanos 8:30

Chamado divino

Todas nós queremos estar no centro da vontade de Deus. Por isso não devemos ingressar em uma carreira, mudar de casa ou fazer mudanças importantes sem ter certeza de que se trata da vontade de Deus. Precisamos pedir com frequência para Deus nos mostrar sua vontade e a ela nos conduzir.

O melhor ponto de partida para buscá-la é: "Deem graças em todas as circunstâncias, pois esta é a vontade de Deus para vocês em Cristo Jesus" (1Ts 5:18). Agradeça a Deus por mantê-la no centro da vontade dele. Então, peça-lhe que a conduza. É maravilhoso ter a certeza de estar no rumo certo.

> *Deus, ajuda-me a viver de maneira digna de ti, agradando-te, frutificando e crescendo no conhecimento de teus caminhos. Guia meus passos. "Conduze-me, Senhor, na tua justiça" e "aplaina o teu caminho diante de mim" (Sl 5:8). Ajuda-me a manter um relacionamento cada vez mais próximo contigo.*
> *Alinha meu coração com o teu. Ajuda-me a ouvir tua voz. Fala comigo por meio de tua Palavra para que eu alcance entendimento. Mostra-me o que devo corrigir. Desejo tornar-me o que me criaste para ser.*

Promessa de Deus

Quer você se volte para a direita quer para a esquerda, uma voz atrás de você lhe dirá: "Este é o caminho; siga-o".

Isaías 30:21

Prioridades ajustadas

Só podemos viver de modo pleno quando temos as prioridades certas. Embora algumas mulheres se esforcem para manter suas prioridades diariamente, não somos capazes de fazê-lo por nossa própria conta. Precisamos ser dirigidas pelo Espírito Santo e compreender muito bem a Palavra de Deus para entender como devemos administrar nossa vida.

A Palavra de Deus revela nossas duas maiores prioridades. Jesus disse: "Ame o Senhor, o seu Deus de todo o seu coração, de toda a sua alma e de todo o seu entendimento. Este é o primeiro e maior mandamento. E o segundo é semelhante a ele: Ame o seu próximo como a si mesmo" (Mt 22:37-39). Se você mantiver o amor a Deus e o amor ao próximo no topo de sua lista, esses dois itens a ajudarão a definir as demais prioridades de sua vida.

Deus, ajuda-me a pôr minha vida em ordem. Quero que sempre ocupes o primeiro lugar. Ensina-me a amar-te de todo meu coração, de toda a minha mente e de toda a minha alma. Não quero ter outros deuses além de ti. Mostra-me, também, se tenho erguido ídolos em minha alma. Quero servir somente a ti. Ajuda-me a viver segundo esse desejo.

Promessa de Deus

Busquem, pois, em primeiro lugar o Reino de Deus e a sua justiça, e todas essas coisas lhes serão acrescentadas.

Mateus 6:33

Prioridades ajustadas

Seu relacionamento com o Senhor deve sempre ocupar o primeiro lugar. Deus estava falando sério quando ordenou: "Não terás outros deuses além de mim" (Êx 20:3). Ele quer nossa atenção total. Busque-o em primeiro lugar a cada dia e peça-lhe que a ajude a pôr sua vida em ordem. Ele ouvirá sua oração.

O Senhor é um Deus de ordem. Vemos isso no universo, onde nada é aleatório ou acidental. A mesma realidade deve refletir-se em nossa vida. Quando oramos a esse respeito, Deus nos ajuda a organizar todas as coisas. Mostra como sujeitar-nos às devidas autoridades para que possamos receber proteção divina. Ao fazê-lo, damos um passo importante em direção ao que Deus tem para nós.

Senhor, sei que, quando minha vida não está em ordem, deixo de receber tuas bênçãos. Mas também sei que, se te buscar em primeiro lugar, todas as coisas de que necessito me serão acrescentadas.

Busco-te em primeiro lugar neste dia e peço tua ajuda para pôr minha vida em ordem. Ajuda-me a permanecer sob tua proteção espiritual. A cada dia, quero exaltar-te acima de todas as coisas e considerar o resto secundário.

Promessa de Deus

Quem acha a sua vida a perderá, e quem perde a sua vida por minha causa a encontrará.

Mateus 10:39

Pensamentos saudáveis

Pensamentos negativos vêm-lhe com frequência à mente? Volta e meia, você se pega conjeturando: "E se isto ou aquilo acontecesse?". Ou a sensação de arrependimento leva a questionar cada decisão tomada? Há momentos em que ninguém parece se importar com você ou nada parece dar certo em sua vida? Se você tem pensamentos desse tipo, saiba que eles se trata de palavras proferidas pelo inimigo de nossa alma, e não por Deus.

Podemos refrear essas mentiras com oração, fé e a verdade da Palavra de Deus. Quando enchemos a mente com a Palavra e com textos de pessoa nas quais o Espírito de Deus habita, e quando ouvimos músicas que louvam e glorificam ao Senhor, não deixamos espaço para outros pensamentos.

Senhor, ajuda-me a sobrepor tua verdade com mentiras. Revela-me as áreas em que aceitei uma mentira como se fosse verdade. Não quero alimentar pensamentos fúteis ou tolos, nem dar espaço para ideias que não te glorificam. Que tua Palavra seja gravada em minha mente para que eu identifique de imediato as mentiras do inimigo. Ó, Espírito da verdade, guarda-me de todo engano. Recuso-me a ouvir mentiras.

Promessa de Deus

Tu, Senhor, guardarás em perfeita paz aquele cujo propósito está firme, porque em ti confia.

Isaías 26:3

Você pode escolher o que terá acesso à mente. Pode escolher levar cativo todo pensamento e seguir a instrução bíblica: "Seja a atitude de vocês a mesma de Cristo Jesus" (Fp 2:5).

Você não precisa viver em confusão ou opressão mental. Não precisa ser "como os gentios, que vivem na inutilidade dos seus pensamentos. Eles estão obscurecidos no entendimento e separados da vida de Deus por causa da ignorância em que estão, devido ao endurecimento do seu coração" (Ef 4:17-18). Antes, pode ter a clareza e o conhecimento que vêm do Senhor.

Obrigada, Senhor, porque tenho "a mente de Cristo" (1Co 2:16). Que os teus pensamentos sejam os meus pensamentos. Mostra-me as áreas em que deixei penetrar na mente coisas que te desagradam. Ajuda-me a resistir e a ocupar a mente com pensamentos, palavras, músicas e imagens que te glorifiquem. Ajuda-me também a pensar em tudo o que é verdadeiro, nobre, correto, puro, amável, de boa fama, excelente e digno de louvor.
Aproprio-me do equilíbrio que tu me concedes.

Promessa de Deus

Não se amoldem ao padrão deste mundo, mas transformem-se pela renovação da sua mente, para que sejam capazes de experimentar e comprovar a boa, agradável e perfeita vontade de Deus.

Romanos 12:2

Direção certa

A vida é uma caminhada diária, passo a passo. Nosso amanhã é determinado pelos passos que damos hoje. Quando aprendemos a andar com nosso Pai celestial, ele espera que lhe seguremos a mão e nunca mais soltemos. Na verdade, o Senhor deseja que nos tornemos mais dependentes dele em cada passo, pois quer conduzir-nos a lugares onde nunca estivemos e a alturas que nem podemos imaginar.

Se você começa a andar na direção errada, Deus corrige seu rumo. Se você para no meio do caminho, ele a faz prosseguir. Quando você dá um passo de cada vez, segurando a mão de Deus e seguindo a direção dele, você chega ao seu destino.

Senhor, conduze-me pelo caminho que preparaste para mim. Quero andar contigo deste dia em diante. Dou este passo de fé e creio que tu me acompanharás. Alinha o meu coração ao teu. Confio que, independente de onde esteja ou se me desvie do rumo, tu me guiarás.

É maravilhoso experimentar tua graça copiosa em meu coração e saber que posso confiar na tua direção para minha vida.

Promessa de Deus

Eu sei, Senhor, que não está nas mãos do homem o seu futuro; não compete ao homem dirigir os seus passos.

Jeremias 10:23

Direção certa

Aprender a caminhar com Deus é um processo. Quando imaginamos saber tudo, Deus nos conduz a um lugar novo, onde nossos velhos truques não funcionam. Pode até parecer que estamos aprendendo a andar outra vez. E, de certa forma, é isso mesmo. Quando entramos em território desconhecido, voltamos a perceber que, se quisermos andar sozinhas, tropeçaremos.

Quando seguramos a mão de Deus, porém, somos capazes de voar. Deus quer elevar-nos bem acima das nossas limitações e circunstâncias. Como é empolgante saber que ele deseja realizar grandes coisas por meio de nós, quando vivemos pela fé. Quando Deus instruir você a tomar determinado rumo, ouça minhas duas palavras de conselho: Não hesite!

> *Senhor, obrigada porque, mesmo quando enfraqueço e tropeço, tu me ajudas a levantar e prosseguir. Apesar de não saber exatamente para onde estou indo, tenho certeza de que tu me capacitas para chegar ao meu destino. Obrigada, porque me tens ensinado a andar em total dependência de ti. É nessa caminhada que encontro a maior bênção.*
>
> *Ajuda-me a lembrar que, devo viver do modo como desejar. Torna-me inteiramente dependente de ti.*

Promessa de Deus

Tu me farás conhecer a vereda da vida, a alegria plena da tua presença, eterno prazer à tua direita.

Salmos 16:11

Quatro verdades importantes acerca da vontade de Deus

1. Fazer a vontade de Deus não significa ter uma vida livre de problemas. Os problemas são parte da realidade humana. A vida dirigida por Deus proporciona satisfação e paz em meio às dificuldades. A certeza de estar andando nos caminhos de Deus e cumprindo a vontade dele nos dá grande segurança e capacidade de lidar com os desafios diários. Não pense, portanto, que os problemas em sua vida são sinal de que você está fora da vontade de Deus. O Senhor usa as dificuldades para nos aperfeiçoar. Há uma grande diferença entre estar fora da vontade de Deus e ser podada ou provada por ele. As duas situações são desagradáveis, mas, no segundo caso, você terá paz, não obstante as tribulações.
2. Não é fácil fazer a vontade de Deus. A vida de Jesus confirma que nem sempre é divertido, agradável ou fácil fazer a vontade de Deus. Jesus estava cumprindo a vontade do Pai quando foi para a cruz. Ele declarou: "Pois desci dos céus, não para fazer a minha vontade, mas para fazer a vontade daquele que me enviou" (Jo 6:38). A meu ver, se alguém teve motivos para dizer: "Não quero fazer a vontade de Deus hoje", foi Jesus. No entanto, ele obedeceu perfeitamente ao Pai e agora nos dá todos os recursos necessários para seguir seu exemplo.
3. Fazer a vontade de Deus é desafiador. Se sua caminhada com o Senhor não parece exigir nenhum esforço, talvez seja bom perguntar se você está, de fato, cumprindo a vontade de Deus. Em minha experiência pessoal, obstáculos e dificuldades fazem parte da vida segundo a vontade de Deus.

4. Fazer a vontade de Deus não é um ato mecânico. Deus nos deu liberdade para escolher se vamos ou não nos sujeitar a ele. Tomamos essa decisão todos os dias. Buscaremos sua vontade? Pediremos sua sabedoria? Seguiremos suas ordens? "Portanto, não sejam insensatos, mas procurem compreender qual é a vontade do Senhor" (Ef 5:17). Precisamos escolher seguir a vontade de Deus a cada dia de nossa vida.

Desfrute as dádivas ao longo do caminho

Liberdade

Todas nós precisamos de libertação em algum momento. Por mais espiritualidade que tenhamos alcançado, ainda somos feitas de carne e osso. Por mais perfeito que seja nosso modo de viver, ainda temos um inimigo que procura levantar fortalezas em nossa vida. Deus deseja libertar-nos de tudo o que nos prende ou nos separa dele.

Muitas vezes, vivemos como se não soubéssemos que Jesus pagou um preço altíssimo para nos libertar. Ele "se entregou a si mesmo por nossos pecados a fim de nos resgatar desta presente era perversa, segundo a vontade de nosso Deus e Pai" (Gl 1:4). E deseja continuar a nos libertar no futuro.

Deus, obrigada porque tua Palavra diz que "o Senhor me livrará de toda obra maligna e me levará a salvo para o seu Reino celestial" (2Tm 4:18). Sem ti, sou prisioneira de meus desejos, não consigo ver a verdade e sou oprimida. Contigo, porém, estou liberta de tudo isso. "O meu futuro está nas tuas mãos; livra-me dos meus inimigos e daqueles que me perseguem" (Sl 31:15). Ajuda-me a permanecer firme na liberdade que Cristo me concedeu.

Promessa de Deus

Os justos clamam, o Senhor os ouve e os livra de todas as suas tribulações.

Salmos 34:17

Liberdade

Quando oramos por libertação, recebemos liberdade. Ore por si mesma e peça que um cristão firme na fé ore por você nesse sentido. Leia a Palavra de Deus, pedindo entendimento e clareza, e passe tempo na presença do Senhor. A maneira mais eficaz e poderosa de passar tempo na presença de Deus é em louvor e adoração.

Deus quer libertá-la não apenas porque ele a ama e tem compaixão de você, mas porque deseja que você possa servi-lo "sem medo, em santidade e justiça, diante dele todos os [...] dias" (Lc 1:74-75). A libertação não a transformará em outra pessoa. Antes, dará liberdade para você ser quem de fato é: uma filha de Deus inteligente, segura, amorosa, talentosa, bondosa, espirituosa e atraente.

Senhor, invoco teu nome e peço que me livres de tudo o que me prende ou me separa de ti. Dá-me sabedoria para andar no caminho certo e concede-me força para que esteja acima de tudo o que deseja derrubar-me.

Sei que tu começaste boa obra em mim e hás de completá-la. Dá-me paciência para não desistir e força para permanecer firme em tua Palavra. Transforma as trevas em luz diante de mim e torna retos os lugares acidentados. Tu és meu Libertador e eu te louvo e te agradeço por me concederes liberdade.

Promessa de Deus

Resgata-me e livra-me por tua justiça; inclina o teu ouvido para mim e salva-me.

Salmos 71:2

Luz

O rei Davi passou por períodos extremamente sombrios, algumas vezes por sua própria culpa. Não obstante sua situação, Davi sempre lembrou que era Deus quem iluminava seu caminho. Por maiores que fossem as trevas, ele ainda era o ungido de Deus. Mesmo quando fez escolhas infelizes, seu coração permaneceu aberto para o Senhor, e Deus nunca permitiu que seu servo fosse destruído.

Essa é a realidade de todos os que amam a Deus. Sempre temos a luz do Senhor à nossa disposição. Por mais graves que imaginemos serem nossos erros, nunca ficamos em escuridão total quando olhamos para o Senhor. A luz de Deus é constante porque ele é constante.

Senhor, creio que tu és a luz de minha vida. Tu és imutável e, por isso, tua luz em minha vida nunca se apaga, não importam as circunstâncias ao meu redor. Entrego este dia em tuas mãos e confio que tu me darás luz suficiente para iluminar o lugar onde estou.

Promessa de Deus

Esta é a mensagem que dele ouvimos e transmitimos a vocês: Deus é luz; nele não há treva alguma. Se afirmarmos que temos comunhão com ele, mas andamos nas trevas, mentimos e não praticamos a verdade. Se, porém, andarmos na luz, como ele está na luz, temos comunhão uns com os outros, e o sangue de Jesus, seu Filho, nos purifica de todo pecado.

1João 1:5-7

Quando atravessamos períodos sombrios e difíceis, aguardamos com ansiedade o momento em que encontraremos alívio da pressão e da angústia, veremos a cura e ficaremos livres da tristeza e da dor. Pedimos a Deus continuamente que remova nosso desconforto. Mas, enquanto esperamos por essas mudanças, Deus quer que tenhamos certeza de sua presença. Podemos encontrar sua luz na noite mais escura.

Não se preocupe, portanto, em ver ou entender o que o futuro lhe reserva. Ainda que você não consiga enxergar claramente o que há pela frente, Deus quer que você confie nele enquanto ele a conduz. E não se preocupe demais em entender perfeitamente o passado. Agora, você tem o Senhor. Ele é a sua luz. O resto é secundário.

> *Senhor, faze-me crescer em teus caminhos e conduze-me à tua vontade. Fortalece-me de modo que eu não vacile nem duvide. Ajuda-me a confiar na luz de tua Palavra mesmo nas noites mais escuras de minha alma.*
> *Oro para que meu coração sempre esteja aberto para teu ensino, reconheça tua mão em minha vida e absorva toda tua instrução. Ajuda-me a confiar no teu tempo. Cria em mim uma fé inabalável para que, ao andar contigo, eu não duvide de teus caminhos nem de teu amor.*

Promessa de Deus

Transformarei as trevas em luz diante deles e tornarei retos os lugares acidentados.

Isaías 42:16

Esperança

Eu imaginava que era normal viver em ansiedade, depressão, medo e desespero. Pensava que era meu jeito de ser. Quando conheci o Senhor, porém, e passei a andar em seus caminhos, comecei a perceber que todas as coisas são possíveis para aqueles que creem em Deus e lhe obedecem. Podemos até mesmo viver sem emoções negativas. Deus pode alterar o foco, se passarmos mais tempo com ele e aprendermos a conhecê-lo melhor.

Todas enfrentamos momentos difíceis nos quais nos sentimos sozinhas e abandonadas. Na verdade, porém, Deus está conosco para nos socorrer quando clamamos por ele. Nessas ocasiões, não precisamos ser controladas por emoções negativas. Podemos resistir ao orar e encontrar esperança no que a Palavra de Deus diz a respeito delas.

Senhor, ajuda-me a viver em tua alegria e em tua paz. Dá-me força e entendimento para resistir à ansiedade, à raiva, à inveja, à depressão, à amargura, ao desespero, à solidão, ao medo e à culpa. Salva-me quando "o meu espírito desanima; o meu coração está em pânico" (Sl 143:4). Recuso-me a permitir que minha vida seja prejudicada por emoções negativas. Sei que tens mais qualidade de vida para mim. Quando eu me sentir tentada a ceder a essas emoções, mostra-me tua verdade e tua esperança.

Promessa de Deus

Não andem ansiosos por coisa alguma, mas em tudo, pela oração e súplicas, e com ação de graças, apresentem seus pedidos a Deus. E a paz de Deus, que excede todo o entendimento, guardará o coração e a mente de vocês em Cristo Jesus.

Filipenses 4:6-7

As palavras mais importantes que podemos proferir são aquelas que explicam nossa fé a quem nos procura ou está disposto a ouvir-nos. Precisamos ser capazes de justificar a esperança que há em nós. Devemos orar para que Deus nos conceda ousadia suficiente para expressar nossa fé com clareza. Precisamos pedir que ele nos ajude a tornar claro aos outros por que chamamos Jesus de nosso Messias, por que não podemos viver sem o Espírito e por que escolhemos seguir o caminho de Deus.
Se o amor de Deus e o testemunho de sua bondade e esperança não estiverem em nosso coração, não sairão de nossa boca. Como consequência, perderemos a oportunidade de compartilhar a maior das dádivas.

Senhor, ajuda-me a falar de modo edificante, e não destrutivo. Que minhas palavras levem vida e esperança às pessoas a meu redor em todas as situações. Renova em mim, a cada dia, a plenitude do Espírito Santo para que teu amor e tua bondade transbordem de meu coração e minha boca. Dá-me palavras para expressar a esperança que há dentro de mim a fim de que eu possa expor minha fé de modo atrativo. Que minhas palavras conduzam outros a um conhecimento mais pleno de ti.

Promessa de Deus

Todavia, mesmo que venham a sofrer porque praticam a justiça, vocês serão felizes. Não temam aquilo que eles temem, não fiquem amedrontados. Antes, santifiquem Cristo como Senhor em seu coração. Estejam sempre preparados para responder a qualquer pessoa que lhes pedir a razão da esperança que há em vocês.

1Pedro 3:14-15

Bênçãos

É importante perguntar a Deus com frequência qual é a vontade dele para sua vida. Se você não perguntar, não ficará sabendo. Simples assim. Deus pode pedir, por exemplo, para você aceitar determinado emprego, suspender determinada atividade, participar de determinada igreja ou mudar seu jeito de fazer alguma coisa.

Não importa o que Deus peça, lembre-se de que o objetivo dele é abençoá-la ainda mais. Se, contudo, você não estiver andando em obediência às instruções da Palavra de Deus, conforme ele espera de todos os seus filhos, é possível que você não ouça a direção dele. "Se alguém se recusa a ouvir a lei, até suas orações serão detestáveis" (Pv 28:9). É sempre bom pedir para Deus conduzi-la pelo caminho que ele traçou para você.

Meu coração deseja obedecer-te em todas as coisas, Senhor. Mostra-me as áreas em que não estou fazendo isso. Se há passos de obediência que preciso dar, mas ainda não percebi, peço que abras meus olhos para a verdade e me ajudes a dar esses passos. Não quero limitar tuas bênçãos em minha vida por não estar andando em teus caminhos.

Promessa de Deus

O Senhor Deus é sol e escudo; o Senhor concede favor e honra; não recusa nenhum bem aos que vivem com integridade.

Salmos 84:11

Até o melhor trabalho ou a melhor situação sempre tem aspectos que não nos agradam. Parte do sucesso na vida depende de fazer coisas que preferiríamos deixar de lado.Essas tarefas constroem nosso caráter e nos tornam disciplinadas. Transformam-nos no tipo de pessoas em quem Deus pode confiar. Ele deseja abençoar nossa vida, mas pede que estejamos dispostas a seguir suas instruções. Sempre que você tiver dificuldade em cumprir alguma obrigação, peça ajuda ao Espírito Santo. Deus deixa por sua conta a iniciativa de dar o primeiro passo na direção certa. Quando você o faz, no entanto, o Espírito Santo a ajuda no restante do caminho.

Senhor, de acordo com tua Palavra, os que amam tua lei desfrutam paz e não há nada que os faça tropeçar. Amo tua lei porque ela é boa e visa a meu bem-estar. Ajuda-me a obedecer-lhe em todos os sentidos, para não tropeçar nem cair. Desejo andar em teus caminhos para ter a certeza e a paz de saber que estou vivendo segundo tua vontade. Desejo sempre aprender sobre teus caminhos para viver na plenitude de tua presença e caminhar rumo às bênçãos que tens para mim.

Promessa de Deus

Recebemos dele tudo o que pedimos, porque obedecemos aos seus mandamentos e fazemos o que lhe agrada.

1João 3:22

Consolo

A vida espiritual e emocional caminham lado a lado. Quando nuvens escuras de tribulação, luta, tristeza e sofrimento nos cobrem de tal modo que mal podemos ver um palmo à frente, é fácil esquecer o lugar de calma, luz, claridade e paz existente além das nuvens. Se segurarmos a mão de Deus nesses momentos, porém, ele nos elevará acima das circunstâncias, até um lugar de consolo, calor e segurança.

Um dos nomes do Espírito Santo que eu mais aprecio é Consolador. Assim como não precisamos suplicar ao sol que nos dê luz, tampouco precisamos suplicar ao Espírito Santo que nos console. Ele é nosso consolo. Apenas precisamos afastar-nos de tudo o que nos afasta dele.

Também devemos orar para ter mais consciência da presença do Espírito nos momentos de aflição.

Senhor, ajuda-me a lembrar que, mesmo nas situações mais difíceis ou incertas, tu és a luz inextinguível de minha vida. Por mais escuras que sejam as nuvens pairando sobre mim, tu me elevarás acima da tempestade e me conduzirás ao consolo de tua presença.

Em momentos de tribulação, peço que me aguces a percepção de tua presença. Obrigada porque ando em tua presença com esperança. És meu Consolador.

Promessa de Deus

Espere no Senhor. Seja forte! Coragem!
Espere no Senhor.

Salmos 27:14

Quando passamos por tribulação, tragédia, perda, ruína ou decepção, a dor é tanta que não conseguimos pensar em nada mais. O Espírito, porém, está presente para nos aconselhar. Em algumas versões da Bíblia ele é chamado de Conselheiro ou Ajudador. Jesus disse: "E eu pedirei ao Pai, e ele lhes dará outro Conselheiro para estar com vocês para sempre, o Espírito da verdade." (Jo 14:16-17).

Quando buscamos ajuda e consolo no Espírito Santo, ele não apenas nos socorre, mas também nos concede uma porção mais rica de sua presença como nunca experimentamos. Mesmo na tristeza mais profunda, seremos abençoadas, pois o Consolador nos consolará.

Senhor, ajuda-me a lembrar de te dar graças em tudo, certa de que estás sempre no controle. Quero recordar que me redimiste e que pertenço a ti. Nada é mais importante. Sei que, quando eu atravessar as águas, estarás comigo e eles não me encobrirão, pois és um Deus bom e enviaste teu Espírito Santo para me consolar e ajudar.

Peço que me enchas de alegria, paz e fé para que eu transborde "de esperança pelo poder do Espírito Santo" (Rm 15:13). Obrigada porque enviaste o Espírito Santo para ser meu Consolador e meu Ajudador. Traze esse fato à minha memória nos momentos difíceis.

Promessa de Deus

Bem-aventurados os pobres em espírito, pois deles é o Reino dos céus. Bem-aventurados os que choram, pois serão consolados.

Mateus 5:3-4

Dez bons motivos para ler a Palavra de Deus

1. Para saber aonde você está indo. Você não tem como prever o futuro nem como saber exatamente para onde está rumando, mas a Palavra de Deus a guiará (Sl 119:133).
2. Para ter sabedoria. O conhecimento da Palavra de Deus é o ponto de partida para você desenvolver sabedoria (Sl 19:7).
3. Para ter sucesso. Quando você vive de acordo com os ensinamentos da Bíblia, seus caminhos prosperam e você é bem-sucedida (Js 1:8).
4. Para viver em pureza. A fim de desfrutar mais da presença de Deus, você precisa viver em santidade e pureza. Para isso, precisa ser purificada por meio da Palavra de Deus (Sl 119:9).
5. Para obedecer a Deus. Se você não entender as leis de Deus, não terá como obedecer-lhes (Sl 119:33-35).
6. Para ter alegria. Sem a Palavra de Deus, é impossível viver livre de ansiedade e inquietação (Sl 19:8).
7. Para crescer na fé. Não é possível crescer na fé sem ler e ouvir a Palavra de Deus (Rm 10:17).
8. Para receber libertação. Você precisa estudar a Palavra de Deus para descobrir em que áreas necessita de libertação (Jo 8:31-32).
9. Para ter paz. O Senhor lhe concederá a paz que o mundo não lhe pode dar. Primeiro, porém, você precisa encontrá-la na Palavra de Deus (Sl 119:165).
10. Para discernir entre o bem e o mal. Nos tempos de relativismo em que vivemos, precisamos ainda mais da Palavra de Deus para fazer distinção entre certo e errado (Sl 119:11).

Receba inspiração divina

Transformação

Não devemos surpreender-nos com nossa incapacidade de realizar mudanças em nós mesmas. Sem a ajuda de Deus, nem mesmo entendemos o que precisa ser mudado ou por que algumas mudanças são necessárias. Por isso, precisamos orar pedindo: "Senhor, transforma minha vida". Sei que é uma das orações mais assustadoras e difíceis de fazer. Preferimos orar para que Deus transforme a vida de outros. Além do mais, se dermos carta branca para Deus realizar em nós a obra que desejar, só ele sabe o que fará.

No entanto, podemos pedir transformação, de modo menos assustador. É só orar: "Torna-me mais semelhante a Cristo". Quem não deseja ter o caráter de Jesus? Quem não quer ser mais parecido com ele em todos os sentidos?

Senhor, desejo ser transformada e peço que esse processo comece hoje. Não sou capaz de realizar em mim mudança significativa ou duradoura, mas tudo é possível para o poder transformador de teu Espírito Santo. Concede-me, segundo as riquezas de tua glória, fortalecimento interior. Transforma-me à tua semelhança. Sei que tu suprirás minhas necessidades segundo tuas gloriosas riquezas em Cristo.

Promessa de Deus

Fui crucificado com Cristo. Assim, já não sou eu quem vive, mas Cristo vive em mim. A vida que agora vivo no corpo, vivo-a pela fé no filho de Deus, que me amou e se entregou por mim.

Gálatas 2:20

Transformação

Deus deseja realizar grandes coisas por meio de nós.
No entanto, precisamos dar um passo de fé quando ele pede que o façamos. Por isso, ele nos permite passar por dificuldades e por momentos em que nos sentimos fracas e vulneráveis. Permite acontecimentos que nos farão voltar na direção dele. É nessas ocasiões, quando somos obrigadas a orar com mais convicção, que nossa fé e nossa vida são transformadas.

Quando reafirmamos as verdades e as promessas de Deus em voz alta, sentimos nossa fé crescer. Cada vez que buscamos a Deus em oração, ele nos sara e transforma em alguma área.

> *Senhor, quebranta as partes endurecidas de meu coração. Revigora as partes entorpecidas de meu ser. Dirige-me e instrui-me nas áreas em que me tornei rebelde. Torna-me fiel e obediente como Jesus foi. Nas áreas em que sou resistente a mudanças, ajuda-me a confiar em tua obra em minha vida. Transforma-me pelo poder de teu Espírito.*
>
> *Dá-me fé para que eu possa orar com poder. Não desejo perceber uma necessidade e não ter fé suficientemente forte para orar e crer a ponto de mudar a situação ou ver mudanças em mim mesma.*

Promessa de Deus

Nisso vocês exultam, ainda que agora, por um pouco de tempo, devam ser entristecidos por todo tipo de provação. Assim acontece para que fique comprovado que a fé que vocês têm, muito mais valiosa do que o ouro que perece, mesmo que refinado pelo fogo, é genuína e resultará em louvor, glória e honra, quando Jesus Cristo for revelado.

1Pedro 1:6-7

Perdão

O perdão deve ter uma escolha diária. Escolhemos perdoar, tenhamos vontade ou não de fazê-lo. É uma decisão, e não um sentimento. Se esperarmos os sentimentos agradáveis aparecerem, pode demorar a vida inteira. Se lhe vem à memória alguém que você tem dificuldade de perdoar, peça ajuda a Deus. Ore por essa pessoa de todas as maneiras que conseguir imaginar. É impressionante como Deus quebranta nosso coração quando oramos pelos outros. A raiva, o ressentimento e a mágoa se transformam em amor.

Por vezes, jogamos a culpa em Deus. Peça que ele lhe mostre se você tem agido assim em alguma área. Não deixe que o rancor limite a atuação de Deus em sua vida.

Senhor, ajuda-me a ser uma pessoa que perdoa. Mostra-me em que áreas não tenho agido desse modo. Revela os recônditos de minha alma para que eu não fique presa ao rancor e prejudique meu futuro. Que eu possa compreender a profundidade do perdão que recebi de ti e não deixar de concedê-lo a outros.

Ajuda-me a perdoar a mim mesma pelas vezes em que falhei. Capacita-me a amar meus inimigos conforme ordenaste em tua Palavra. Ensina-me a abençoar os que me amaldiçoam e me perseguem. Torna-me uma pessoa que perdoa prontamente.

Promessa de Deus

Não julguem, e vocês não serão julgados.
Não condenem, e não serão condenados.
Perdoem, e serão perdoados.

Lucas 6:37

Tudo o que fazemos na vida e que tem valor eterno gira em torno de duas coisas: amar Deus e amar os outros. É muito mais fácil amar Deus, mas ele considera que amar os outros é equivalente a amá-lo. O perdão é uma das maiores expressões de amor. É difícil perdoar quem nos magoou, ofendeu ou maltratou. Deus deseja, contudo, que amemos até mesmo nossos inimigos, e ele nos aperfeiçoa nesse processo.

Sempre encontramos justificativas de sobra para não perdoar. Precisamos parar de procurar razões. O perdão abre sua mente e seu coração para que o Espírito trabalhe livremente em você. Ele a liberta para amar a Deus ainda mais e experimentar em maior medida o amor dele por você. Sem isso, a vida não vale nada.

Senhor, se me distanciei de algum familiar por rancor, peço que rompas essa barreira. Ajuda-me a ser um instrumento de reconciliação.

Ajuda-me a perdoar sempre que for necessário. Não quero que nada me separe de ti. Neste momento, tomo a decisão de perdoar a tudo e a todos e andar livre do peso da amargura. Sei que não posso ser luz para os outros enquanto estiver caminhando nas trevas do rancor. Escolho andar na luz, como tu estás na luz, e ser purificada de todo pecado.

Promessa de Deus

Pois se perdoarem as ofensas uns dos outros,
o Pai celestial também lhes perdoará.
Mateus 6:14

Adoração

Não há nada mais poderoso ou transformador que louvar a Deus. É um dos meios pelos quais ele trabalha em nós. Toda vez que louvamos e adoramos ao Senhor, sua presença vem habitar em nós, muda nosso coração e permite que o Espírito Santo nos quebrante segundo sua vontade.

Para experimentar a alegria e o poder do louvor, você precisa tomar a decisão de adorar ao Senhor independentemente das circunstâncias. É evidente que, quanto mais você conhecer a Deus, mais fácil será adorá-lo em todos os momentos. Quando você chegar ao ponto de não poder conter seu louvor, estará no lugar certo.

Deus, não há maior alegria para mim que te adorar. Aproximo-me de ti com ações de graças e curvo-me diante de tua presença neste dia. Exalto teu nome, pois tu és grande e digno de ser louvado. Obrigada porque "encheste o meu coração de alegria" (Sl 4:7). Toda honra, majestade, força, glória, santidade e justiça são tuas, Senhor.

Promessa de Deus

Quem me oferece sua gratidão como sacrifício, honra-me, e eu mostrarei a salvação de Deus ao que anda nos meus caminhos.

Salmos 50:23

Adoração

Louvar e adorar a Deus com outros cristãos é uma das coisas mais poderosas e importantes que podemos fazer. O culto conjunto quebra cadeias e abre caminho para mudanças que talvez não aconteceriam de outro modo. Uma dinâmica poderosa e singular ocorre no âmbito espiritual quando adoramos a Deus, juntos.

Qualquer que seja a denominação ou tradição de sua igreja, peça para Deus transformar você em uma verdadeira adoradora, segundo a vontade dele. Dedique-se inteiramente a adorá-lo. Os cânticos de louvor que você repete em seu coração de dia nutrem sua alma à noite.

Senhor, obrigada porque teus planos para minha vida são bons e tens um futuro cheio de esperança reservado para mim. Obrigada porque restauras minha vida continuamente a fim de torná-la cada vez mais plena. Eu te louvo e te agradeço porque és o Deus que me cura, meu Provedor, Redentor, Pai e Consolador.

Obrigada por te revelares a mim por meio de tua Palavra, de teu Filho, Jesus, e de tuas grandes obras na terra e em minha vida.

Promessa de Deus

Ofereça a Deus em sacrifício a sua gratidão, cumpra os seus votos para com o Altíssimo, e clame a mim no dia da angústia; eu o livrarei, e você me honrará.

Salmos 50:14-15

Sonhos

Deus quer que sonhemos, e coloca sonhos em nosso coração. Não deseja, contudo, que o deixemos de fora deles. Segundo a Palavra de Deus, quando não recebemos revelação, perecemos. Mas ela precisa vir do Senhor; do contrário, alimentaremos sonhos que jamais se realizarão.

Deus pede que os entreguemos a ele, pois, enquanto estivermos preocupadas em realizá-los, ele não poderá guiar-nos. Desse modo, o Senhor poderá dizer-nos quais estão de acordo com a vontade dele. Se corrermos atrás apenas de visões e sonhos nossos, em vez das revelações de Deus, passaremos a vida insatisfeitas tentando realizá-los. Quando o sonho vem de Deus, somos inspiradas a buscá-lo como ele deseja.

Senhor, entrego a ti minhas esperanças e meus sonhos. Se guardo algum anseio indevido, peço que o removas para que eu receba o que tens para mim. Sei que é perigoso transformar sonhos em ídolos e forçar minha vida a se conformar a minhas idealizações. Entrego-te meus desejos e declaro que anseio, acima de tudo, ver tua vontade se cumprir em mim. Aguardo com grande expectativa os sonhos que tens para mim. Sei que eles se realizarão à medida que eu andar em teus caminhos e receber tua inspiração.

Promessa de Deus

Amados, agora somos filhos de Deus, e ainda não se manifestou o que havemos de ser, mas sabemos que, quando ele se manifestar, seremos semelhantes a ele, pois o veremos como ele é.

1João 3:2

Quando damos espaço para Deus realizar em nossa vida as mudanças que ele deseja, o Senhor começa a remover tudo o que é desnecessário. Nesse processo, ele nos despoja do que poderia impedir nosso crescimento, preparando-nos assim, para produzir bons frutos. Nossa vida pode parecer estéril nesse período, mas, na verdade, Deus nos está libertando do que não produz vida.

Não queremos ficar apenas nas idealizações, vivendo no mundo dos sonhos, sem ver a materialização de algo significativo. Desejamos viver certas de que as esperanças, os sonhos e as expectativas se baseiam em convicções dadas por Deus.

Queremos uma esperança firmada no alicerce de suas promessas para nós e em seus propósitos revelados em nós.

> *Senhor, que meus desejos estejam alinhados a teus desejos. Por mais difícil que seja abrir mão das esperanças e dos sonhos, entrego-os a teus pés. Aceito tua decisão e sujeito-me inteiramente a ela. Conduze-me por teu caminho. Dá-me uma visão para o futuro e semeia esperança em meu coração. Anseio andar contigo e ver as maravilhas que me reservastes. Mesmo quando enfrento tribulações, sei que me amas e me proteges.*

Promessa de Deus

Onde não há revelação divina, o povo se desvia;
mas como é feliz quem obedece à lei!
Provérbios 29:18

Orações

Aprendi que Deus pode aplanar meu caminho, acalmar as tempestades, guardar a mim e a meus entes queridos e até simplificar as coisas quando peço que ele trate das complicações do dia a dia. Nada disso, porém, acontece de forma automática. É preciso orar.

A oração nos ajuda a viver de acordo com a vontade de Deus. Desvia nosso olhar do temporal para o eterno e nos mostra o que é verdadeiramente importante. Dá-nos a capacidade de discernir entre a verdade e a mentira. Fortalece nossa fé e nos estimula a crer no impossível. Inspira-nos e capacita-nos a tornar-nos filhas obedientes de Deus, conforme desejamos e acreditamos que podemos ser.

Senhor, tu dizes em tua Palavra que rios de água viva correrão de dentro de quem crer em ti (Jo 7:38). Creio em ti e desejo que tua água viva flua em mim e através de mim hoje e todos os dias de minha vida. Convido teu Espírito Santo a me encher novamente neste momento. Peço que me renoves hoje da mesma maneira que a fonte é renovada constantemente com água fresca, que a faz permanecer pura. Eu te convido, Espírito Santo, a orar por meu intermédio. Ajuda-me em minha fraqueza. Ensina-me coisas novas a teu respeito.

Promessa de Deus

Mas temos esse tesouro em vasos de barro, para mostrar que este poder que a tudo excede provém de Deus, e não de nós.

2Coríntios 4:7

Você almeja uma percepção mais clara da presença de Deus em sua vida? Deseja conhecer Deus de maneira mais profunda? Tenho uma boa notícia: Deus sempre quer que você anseie pela presença dele e caminhe ao seu lado. Quer que você entregue todas as suas esperanças e todos os seus sonhos e confie que ele suprirá suas necessidades. Quando você assim o fizer, Deus derramará bênçãos incontáveis sobre sua vida, pois essa é a vontade dele para você. Tudo isso acontecerá se você se empenhar em orar.

Senhor, dependo de ti para suprir minhas necessidades. Ajuda-me a entregar-te todas as minhas expectativas. Tenho profunda consciência de quanto preciso de teu poder para transformar minha vida e minhas circunstâncias. Tu enviaste teu Espírito Santo para que eu possa viver em poder. Ajuda-me a cumprir essa promessa. Tu me deste tua vida por causa de teu amor por mim. Ajuda-me a fazer o mesmo.

Anseio por tua presença, Senhor. Que eu possa a ti voltar meus olhos, meus pensamentos e minhas sinceras orações.

Promessa de Deus

Até agora vocês não pediram nada em meu nome. Peçam e receberão, para que a alegria de vocês seja completa.

João 16:24

Vinte bons motivos para adorar a Deus

(conforme o salmo 103)

1. Ele perdoa todos os meus pecados.
2. Ele cura todas as minhas doenças.
3. Ele resgata minha vida da sepultura.
4. Ele me coroa de bondade e compaixão.
5. Ele enche minha vida de bens.
6. Ele faz justiça e defende a causa dos oprimidos.
7. Ele manifesta os seus caminhos.
8. Ele é compassivo.
9. Ele é misericordioso.
10. Ele é paciente e cheio de amor.
11. Ele não me acusa sem cessar.
12. Ele não fica ressentido para sempre.
13. Ele não me trata segundo os meus pecados.
14. Ele tem grande amor para os que o temem.
15. Ele afasta para longe minhas transgressões.
16. Ele tem compaixão de nós.
17. Ele sabe que somos pó.
18. Seu amor é eterno.
19. Ele abençoa os filhos e netos daqueles que o temem.
20. Ele estabeleceu seu trono e governa sobre tudo.

Viva a vida plena

Trabalho relevante

Não importa se seu trabalho é reconhecido no mundo inteiro ou se apenas Deus o vê. Não importa se você ganha muito dinheiro com o que faz ou se não é remunerada. Seu trabalho é valioso, e você deseja que seja abençoado por Deus. Por isso é bom orar por ele com frequência.

A oração nos ajuda a encontrar o equilíbrio entre dois extremos: a ganância que destrói (Pv 1:19) e a preguiça que empobrece (Pv 10:4). A oração nos ajuda a não esgotar nossas forças tentando enriquecer (Pv 23:4-5) e, ao mesmo tempo, a ser diligentes em nosso trabalho que, em última análise, pode trazer recompensas financeiras (Pv 10:4). Ela nos ajuda, portanto, a encontrar o equilíbrio entre a indolência e a obsessão (Mt 16:26).

Senhor, ao olhar para o futuro, minha expectativa é servir a ti e aos outros com meu trabalho. Peço que sempre me mostres o trabalho que devo realizar e me dês forças e energia para fazê-lo com excelência. Desenvolve em mim as aptidões de que necessito e capacita-me a ser bem-sucedida em minha ocupação.

Que meus passos em direção ao futuro sejam guiados por ti. Que eu encontre grande realização e satisfação em todos os aspectos do trabalho que tu preparaste para mim.

Promessa de Deus

O salário do justo lhe traz vida, mas a renda do ímpio lhe traz castigo.

Provérbios 10:16

Trabalho relevante

Seu trabalho é importante para Deus, para os outros e para você. Deixar de orar por ele não é uma opção. Entregue seu trabalho ao Senhor e peça que ele o abençoe. Lembre-se, porém, de que a recompensa do trabalho se encontra, por vezes, no próprio fato de realizá-lo. Cuidar da casa, trabalhar como voluntária numa entidade assistencial ou ensinar uma criança a ler são ocupações não remuneradas, mas a recompensa de ver os resultados de seus esforços não tem preço.

Pergunte a Deus qual é a vontade dele para você no tocante ao seu trabalho. E, em tudo o que fizer, dê glória ao Senhor. Peça para ele ajudá-la a fazer seu trabalho com esmero e a torná-lo produtivo, bem-sucedido e gratificante.

Deus, entrego meu trabalho a ti, certa de que tu o tornarás bem-sucedido. Que eu possa sempre gostar do que faço e fazer o que gosto. Segundo tua Palavra, oro para que nunca me falte o zelo no trabalho e para que eu permaneça fervorosa em espírito e te sirva em tudo o que fizer. Consolida a obra de minhas mãos a fim de que eu encontre favor diante dos outros e seja uma bênção para muitos. Desejo que meu trabalho sempre te glorifique.

Promessa de Deus

Como é feliz quem teme o Senhor, quem anda em seus caminhos! Você comerá do fruto do seu trabalho, e será feliz e próspero.

Salmos 128:1-2

Relacionamentos saudáveis

Deus nos criou para viver em família. Temos o desejo natural de ser parte de algo que nos faça sentir aceitas, aprovadas, úteis e valorizadas. Mesmo que não tenhamos recebido isso de nossa família biológica, há esperança. Deus nos insere em famílias espirituais, nas quais desenvolvemos relacionamentos igualmente importantes.

Deus é o Pai. Nós somos seus filhos e filhas. Todos aqueles que creem em Jesus são, portanto, irmãos e irmãs. Somos numerosos demais para morar na mesma casa, de modo que Deus nos coloca em casas separadas, chamadas igrejas. Nossos relacionamentos dentro da família da igreja são fundamentais para nosso bem-estar. Só cumprimos plenamente os propósitos de Deus quando interagimos com as pessoas que ele coloca em nossa vida.

Deus, entrego-te os meus relacionamentos e peço que os abençoes. Que tua paz reine sobre eles e que possam glorificar-te. Desejo ter sabedoria ao escolher amigos para não andar com pessoas que me desviarão de teus caminhos. Dá-me discernimento e forças para que eu me separe dos que exercem influência negativa.

Abençoa os membros de minha família biológica e espiritual.

Promessa de Deus

Portanto, vocês já não são estrangeiros nem forasteiros, mas concidadãos dos santos e membros da família de Deus, edificados sobre o fundamento dos apóstolos e dos profetas, tendo Jesus Cristo como pedra angular.

Efésios 2:19-20

Relacionamentos saudáveis

É importante associar-nos a quem anda lado a lado com o Senhor. Relacionamentos próximos com cristãos fiéis que prestam contas a outros cristãos fiéis geram um senso de responsabilidade saudável. Esse acompanhamento é importante porque todas nós estamos sujeitas ao engano e temos pontos fracos. Precisamos de pessoas que nos ajudem a enxergar a verdade sobre nós e sobre nossa vida. Precisamos do tipo de relacionamento que não se desintegra quando falamos a verdade em amor.

Isso não significa, de maneira alguma, que devemos isolar-nos dos não-cristãos. Somos instrumentos de Deus para alcançar pessoas para seu Reino. Os relacionamentos próximos e que mais nos influenciam, porém, precisam ser com os que amam e temem ao Senhor. Se você não tem relacionamentos desse tipo, peça-os a Deus. E faça sua parte para ser uma amiga dedicada.

> *Deus, peço que coloques em minha vida amigos tementes a ti, cristãos exemplares e mentores. Envia pessoas dispostas a falar a verdade em amor, especialmente mulheres confiáveis, bondosas, amáveis e fiéis. Acima de tudo, peço que sejam mulheres de fé inabalável e que contribuamos para o crescimento mútuo. Que o perdão e o amor fluam livremente entre nós. Faze-me refletir tua luz em todos os meus relacionamentos.*

Promessa de Deus

Deus dá um lar aos solitários, liberta os presos para a prosperidade.

Salmos 68:6

Atitude correta

Todas as mulheres querem ter uma vida produtiva. Desejam ser inabaláveis na verdade de Deus, mas permanecer sensíveis às necessidades e aos sofrimentos de outros. Buscam conhecer a Deus de todas as maneiras possíveis e ser transformadas pelo poder de seu Espírito. Muitas vezes, contudo, são severas consigo quando as virtudes que almejam não se manifestam em sua vida diária. Por esse motivo, precisamos orar a respeito de nossa atitude. Precisamos pedir a ajuda de Deus para vivermos em alegre expectativa, firme esperança e ânimo constante. Devemos ser assim em relação a nós mesmas e aos outros. Deus está preparando você para o trabalho importante que a espera logo adiante. Peça para ele lhe dar a atitude certa, de modo que você possa estar preparada.

Senhor, peço com humildade que purifiques meu coração e renoves dentro de mim um espírito estável. Perdoa-me por pensamentos, palavras e atos que não te glorificaram ou foram contrários a teus mandamentos. Peço que me transformes de modo que eu esteja preparada para tudo o que tens reservado para mim.

Sei que "és misericordioso e compassivo, muito paciente e cheio de amor" (Jl 2:13). Perdoa-me por nem sempre dar o devido valor a esse fato.

Promessa de Deus

Se confessarmos os nossos pecados, ele é fiel e justo para perdoar os nossos pecados e nos purificar de toda injustiça.

1João 1:9

Atitude correta

Não há nada mais pesado que o pecado. Só percebemos isso quando o sentimos esmagar nossa alma. Só entendemos quanto ele é destrutivo quando nos despedaçamos contra a parede que ele ergueu entre Deus e nós. Por isso, é sempre melhor confessar o pecado assim que nos damos conta dele e purificar nosso coração de imediato.

A confissão apresenta o pecado diante de Deus. Ao confessá-lo, você não está informando nada novo a Deus. Ele conhece todas as coisas, mas deseja que você se conscientize de que errou o alvo. Confessar, porém, não é apenas pedir desculpa. Qualquer um pode fazer isso. A verdadeira confissão implica admitir especificamente aquilo que você fez e arrepender-se completamente.

> *Senhor, mostra-me as áreas de minha vida nas quais tenho inadvertidamente abrigado o pecado, seja em pensamentos, palavras, seja em ações. Mostra-me a verdade para que eu possa reconhecê-la com clareza. Examina minha alma e revela minhas motivações de modo que se torne evidente aquilo que preciso entender. Que eu possa realizar mudanças onde elas são necessárias. Abre meus olhos para o que preciso ver a fim de confessar meus pecados e deles me arrepender. Desejo purificar meu coração conforme ordenaste em tua Palavra.*

Promessa de Deus

Pecadores, limpem as mãos, e vocês, que têm a mente dividida, purifiquem o coração.

Tiago 4:8

Bondosa proteção

Creio que nosso Pai celestial nos guarda e nos protege de mais perigos que somos capazes de perceber. Nem por isso, contudo, devemos deixar de orar por essa questão continuamente.

Parte da proteção que Deus nos oferece resulta de obedecermos às suas instruções e de vivermos segundo sua vontade. Quando não agimos desse modo, perdemos sua cobertura protetora. Não ouvimos sua voz apontar o caminho que devemos percorrer. Quantas tragédias seriam evitadas se as pessoas envolvidas pedissem que Deus lhes mostrasse o que fazer e obedecessem às suas instruções!

Senhor, peço que repouses sobre mim tua mão protetora. Confio em tua Palavra, segundo a qual tu és minha rocha, minha fortaleza, meu libertador, meu escudo, meu baluarte e a força na qual eu confio.
Não permitas que eu me desvie do centro de tua vontade ou do caminho que traçaste para mim. Que eu possa sempre ouvir tua voz a me guiar. Tua paz dissipa meus medos e proporciona segurança em todas as circunstâncias.

Promessa de Deus

Se você fizer do Altíssimo o seu abrigo, do Senhor o seu refúgio, nenhum mal o atingirá, desgraça alguma chegará à sua tenda.

Salmos 91:9-10

Bondosa proteção

Nas horas de instabilidade, quando seu futuro se encontra em jogo, você deseja ter certeza de estar se comunicando com seu Pai celestial o tempo todo e de que ele está cuidando de você. Nesses momentos, suas orações precisam ser respondidas de imediato. Então, continue a orar.

Deus é o refúgio para o qual você pode correr, mas é muito melhor quando você está familiarizado com o caminho ao correr para ele diariamente. A Bíblia diz: "Aquele que teme o Senhor possui uma fortaleza segura, refúgio para os seus filhos. O temor do Senhor é fonte de vida, e afasta das armadilhas da morte" (Pv 14:26-27).

Quando mantemos os olhos fixos em Deus, ele também nos mantém sob seu olhar.

> *"Misericórdia, ó Deus; misericórdia, pois em ti a minha alma se refugia. Eu me refugiarei à sombra das tuas asas, até que passe o perigo" (Sl 57:1). Obrigada porque "em paz me deito e logo adormeço, pois só tu, Senhor, me fazes viver em segurança" (Sl 4:8). Obrigada por tuas promessas de proteção. Aproprio-me delas hoje.*
>
> *Eu te louvo, Senhor. Tu me defendes com poder, e teu coração é meu refúgio. Obrigada por ser fonte de consolo e força sempre presente. Entrego minha vida em tuas mãos.*

Promessa de Deus

Porque a seus anjos ele dará ordens a seu respeito, para que o protejam em todos os seus caminhos.

Salmos 91:11

Fruto da melhor qualidade

Todas nós semeamos algo em nossa vida diariamente, tenhamos ou não consciência disso. Também colhemos aquilo que plantamos no passado. A qualidade de nossa vida no presente é resultado do que plantamos e colhemos. Passamos anos colhendo os resultados positivos ou negativos do que semeamos. Por isso é tão importante plantar e cultivar as sementes certas no presente.

Jesus disse que ele é a videira, e você e eu somos os ramos. Se permanecermos nele, daremos frutos. "Permanecer" significa estar, ficar, continuar. Em outras palavras, se estamos nele e ele está em nós, produzimos o fruto de seu Espírito. E essa é a colheita mais maravilhosa que podemos desejar.

Deus, peço que desenvolvas o fruto de teu Espírito em mim. Por isso, ajuda-me a permanecer em ti, Jesus. Espírito Santo, enche-me novamente com teu amor para que ele possa fluir de mim para os outros. Fico feliz por conhecer-te. Peço que me tornes paciente com os outros para que eu possa refletir essa alegria e teu caráter. Ajuda-me a ser amável sempre que eu tiver oportunidade e que tua bondade flua através de mim para que eu faça o bem a todos.

Promessa de Deus

Mas o fruto do Espírito é amor, alegria, paz, paciência, amabilidade, bondade, fidelidade, mansidão e domínio próprio.

Gálatas 5:22-23

Fruto da melhor qualidade

Se você não vem produzindo o fruto do Espírito em sua vida como gostaria, peça para Deus ajudá-la a plantar boas sementes e a arrancar as ervas daninhas que talvez tenham crescido ao redor de sua alma. Nutra o solo de seu coração com o alimento da Palavra de Deus e peça para o Espírito Santo regá-lo a cada dia. Enquanto você permanecer fielmente na Videira verdadeira, garanto que você produzirá frutos espirituais que deixarão seu Pai celestial orgulhoso.

Senhor, poda as áreas da minha vida que precisam produzir mais frutos. Sei que sem ti nada posso fazer. Tu és a Videira e eu sou o ramo. Devo permanecer em ti a fim de dar fruto. Ajuda-me a fazer isso. Obrigada pela promessa de que, se eu permanecer em ti e se tuas palavras permanecerem em mim, pedirei o que quiser e me será concedido (Jo 15:7). Que eu seja como a árvore plantada à beira de águas correntes, que dá fruto no tempo certo e cujas folhas não murcham (Sl 1:3). Em nome de Jesus, peço que o fruto do teu Espírito se desenvolva em mim e que, para tua glória, seja reconhecido claramente a meu redor.

Promessa de Deus

Eu sou a videira verdadeira, e meu Pai é o agricultor. Todo ramo que, estando em mim, não dá fruto, ele corta; e todo que dá fruto ele poda, para que dê mais fruto ainda. Vocês já estão limpos, pela palavra que lhes tenho falado. Permaneçam em mim, e eu permanecerei em vocês. Nenhum ramo pode dar fruto por si mesmo, se não permanecer na videira. Vocês também não podem dar fruto, se não permanecerem em mim.

João 15:1-4

Oito coisas boas nas quais pensar todos os dias
(conforme Filipenses 4:8)

1. Tudo o que é verdadeiro. Se você pensar naquilo que é honesto, genuíno, autêntico, preciso e real, não dirá nada falso, incorreto, equivocado ou enganoso.
2. Tudo o que é nobre. Se você pensar naquilo que é admirável, de alta qualidade, excelente, magnânimo, superior ou honorável, não dirá nada abjeto, mesquinho, maldoso, aviltante ou vulgar.
3. Tudo o que é correto. Se você pensar naquilo que é justo, razoável, reto, apropriado, legítimo, certo, merecido, íntegro, honorável e digno, não dirá nada indevido, parcial, desarrazoado, ilícito ou injusto.
4. Tudo o que é puro. Se você pensar naquilo que é limpo, claro, inocente, imaculado, intato ou incontaminado pelo mal, não dirá nada adulterado, contaminado, corrompido, maculado ou profano.
5. Tudo o que é amável. Se você pensar naquilo que é agradável, aprazível, atrativo, encantador ou admirável, não dirá nada desagradável, afrontoso, desprazível, repulsivo, deselegante, detestável ou feio.
6. Tudo o que é de boa fama. Se você pensar naquilo que é admirável, cativante, recomendável, positivo ou digno de ser repetido, não dirá nada negativo, desanimador ou indesejável, nem espalhará más notícias, fofocas e boatos.
7. Tudo o que é excelente. Se você pensar naquilo que é moral, ético, íntegro, virtuoso, bom, impressionante ou correspondente a altos padrões morais, não dirá nada depravado, antiético, licencioso, mau, decadente, corrompido, prejudicial ou imoral.

8. Tudo o que é digno de louvor. Se você pensar naquilo que é louvável, admirável, recomendável, valioso, aclamado, aplaudido, glorificado, exaltado, honrado ou aprovado, não dirá nada crítico, condenatório, depreciativo, censurador, pejorativo, reprovador, humilhante ou deprimente.

Reflexão

Reflexão

Reflexão

Reflexão

Reflexão

Reflexão

Reflexão

Compartilhe suas impressões de leitura escrevendo para:
opiniao-do-leitor@mundocristao.com.br
Acesse nosso *site*: www.mundocristao.com.br

Diagramação: Sonia Peticov
Preparação: Andrea Filatro
Fonte: Baskerville
Gráfica: Imprensa da Fé
Papel: Lux cream 70/gm^2 (miolo)
Cartão 250/gm^2 (capa)